Improbidade Administrativa

ANÁLISE ECONÔMICA

Improbidade Administrativa

ANÁLISE ECONÔMICA

2023

Felipe Ramirez Gullo

ALMEDINA

IMPROBIDADE ADMINISTRATIVA
ANÁLISE ECONÔMICA
© ALMEDINA, 2023

AUTOR: Felipe Ramirez Gullo

DIRETOR ALMEDINA BRASIL: Rodrigo Mentz
EDITORA JURÍDICA: Manuella Santos de Castro
EDITOR DE DESENVOLVIMENTO: Aurélio Cesar Nogueira
ASSISTENTES EDITORIAIS: Letícia Gabriella Batista e Laura Roberti
ESTAGIÁRIA DE PRODUÇÃO: Natasha Oliveira

DIAGRAMAÇÃO: Almedina
DESIGN DE CAPA: Roberta Bassanetto

ISBN: 9786556279640
Outubro. 2023

Dados Internacionais de Catalogação na Publicação (CIP)
(Câmara Brasileira do Livro, SP, Brasil)

Gullo, Felipe Ramirez
Improbidade administrativa : análise econômica
Felipe Ramirez Gullo. – São Paulo : Almedina, 2023.

ISBN 978-65-5627-964-0

1. Análise econômica 2. Direito administrativo – Brasil
3. Improbidade administrativa 4. Improbidade
administrativa – Legislação – Brasil I. Título.

23-169383 CDU-35.086(81)(094.56)

Índices para catálogo sistemático:

1. Brasil : Improbidade administrativa :
Direito administrativo : Leis comentadas
35.086(81)(094.56)

Eliane de Freitas Leite – Bibliotecária – CRB 8/8415

Este livro segue as regras do novo Acordo Ortográfico da Língua Portuguesa (1990).

EDITORA: Almedina Brasil
Rua José Maria Lisboa, 860, Conj. 131 e 132, Jardim Paulista | 01423-001 São Paulo | Brasil
www.almedina.com.br

"O que é que se encontra no início? O jardim ou o jardineiro? É o jardineiro. Havendo um jardineiro, mais cedo ou mais tarde um jardim aparecerá. Mas, havendo um jardim sem jardineiro, mais cedo ou mais tarde ele desaparecerá. O que é um jardineiro? Uma pessoa cujos sonhos estão cheios de jardins. O que faz um jardim são os sonhos do jardineiro".

"Entre a ciência e a sapiência: o dilema da educação"
– Página 24, de Rubem Alves – Publicado por Edições Loyola, 1999

PREFÁCIO

O tema de responsabilização do agente público pela improbidade administrativa identifica-se como relevante e é alvo de muitos estudos no contexto do Direito Administrativo brasileiro. Há, no entanto, poucas pesquisas dedicadas a esse problema, principalmente quando sua análise é realizada sob um viés econômico.

Acerca do estudo da Lei da Improbidade Administrativa, procura-se estudá-la sob a ótica da Teoria Econômica do Crime e descobrir, de que forma, os agentes públicos podem ser dissuadidos a não cometerem atos ímprobos. Para Becker e Stigler, a erradicação dos crimes ou corrupções em uma sociedade é utópico porque não seria rentável pagar o custo necessário para extinção.

No contexto brasileiro, o país apresenta uma história marcada mais por períodos ditatoriais que democráticos. Consequentemente, a Constituição Federal de 1988 adotou em seu texto um modelo inibidor da autonomia do gestor público.

A partir deste momento, as decisões sobre a Administração Pública passaram a configurar um risco para os agentes que, por receio das sanções e perdas que poderiam vir a sofrer, passaram a adotar uma postura de medo, traduzido pela expressão "Direito Administrativo do medo" ou "Apagão das Canetas". Assim, os agentes públicos não querem se comprometer na assinatura de despesas, visto que sua conduta pode ser criminalizada se desrespeitar alguns dos princípios da Administração Pública.

Os gestores não procuram atuar com vistas a buscar a melhor solução para o Estado Administrativo, mas sim buscam proteger a si mesmos.

A atividade pública, com isso, entra em um cenário de ineficiência e seu funcionamento é prejudicado.

A pesquisa que tenho a honra de apresentar, da autoria de Felipe Ramirez Gullo, é fruto do trabalho realizado ao longo de seu mestrado e que retrata, de forma aprofundada, a questão da responsabilização dos agentes públicos no que tange à improbidade administrativa, sob um prisma econômico. Além disso, o autor, cujos estudos acompanho desde a graduação, imprimiu nesta pesquisa toda a sua experiência como acadêmico, a fim de oferecer aos estudiosos do Direito uma visão ampla acerca do assunto supracitado. É um trabalho de muita importância e que muito irá somar para os estudos do Direito Administrativo brasileiro.

CARLOS BOLONHA
Professor da Faculdade Nacional de Direito – UFRJ

SUMÁRIO

INTRODUÇÃO 13
Apresentação do tema 13
Estrutura dos capítulos 28

CAPÍTULO 1 - ABORDAGEM ECONÔMICA SOBRE A IMPROBIDADE ADMINISTRATIVA 31
1.1. Definição de Improbidade Administrativa 31
1.2. Os Principais problemas na aplicação na LIA antes da alteração de Outubro de 2021 40
1.3. A teoria econômica aplicada à improbridade administrativa 48
1.3.1. A teoria econômica do crime e das penas 56
1.3.2. O comportamento racional e o processo de tomada de decisão do agente ímprobo 61

CAPÍTULO 2 - A FUGA DA RESPONSABILIZAÇÃO DA IMPROBIDADE ADMINISTRATIVA E SUA ESTRATÉGIA 73
2.1. O risco e o apagão das canetas 73
2.2. As consequências do medo no processo de tomada de decisão do agente público 82
2.3. Os agentes públicos na administração da responsabilização 86
2.4. Estratégias de fuga da responsabilização 90
2.4.1. Estratégia de proteção patrimonial 91
2.4.2. Estratégias de atuação 92

2.4.2.1. Delegação 92
2.4.2.2. Reorganização defensiva 93
2.4.2.3. Coletivização das decisões 94
2.4.2.4. Governo pelo mercado 94
2.4.3. Estratégias de judicialização ou substituição decisória externa 95
2.4.4. Estratégias de política pública ou estratégias operacionais 97
2.4.4.1. Protocolização 97
2.4.4.2. Gregarismo 97
2.4.4.3. Inação ou imobilismo decisório: a paralisia administrativa 98

CAPÍTULO 3 – ANÁLISES DOS CASOS DISFUNCIONAIS NAS AÇÕES DE IMPROBIDADE ADMINISTRATIVA 103
3.1. As disfunções nas ações de improbidade 106
3.1.1. A improbidade administrativa na Lei 8.429/1992 a partir da Constituição da República 115
3.1.2. As ações de improbidade no Brasil 118
3.1.2.1. Casos de utilização da LIA 120
3.1.2.1.1. Casos de aplicação da LIA pelo STJ 121
3.1.2.1.2. O caso das fotos oficiais 131
3.1.2.1.3. O caso de condenação por cegueira deliberada 131
3.1.2.1.4. O caso de improbidade por uso de 14 folhas de papel timbrado 133
3.1.2.1.5. O caso do prefeito 136
3.1.2.2. Improbidade administrativa na Operação Lava Jato 137
3.1.2.2.1. Ação civil pública por ato de improbidade administrativa contra Odebrecht S.A. e outros 137
3.1.2.2.2. Ação civil pública por ato de improbidade administrativa em face do Partido Progressista e outros 141

3.1.2.2.3. Ação civil pública por ato de improbidade administrativa em face de Eduardo Cunha e outros 145
3.1.2.3. Os casos sob a nova Lei da Improbidade Administrativa 147

CONCLUSÃO 151
Como a Teoria Econômica do Crime pode solucionar o impasse entre liberdade de atuação do agente público e o grau de responsabilização da sua atuação? 153

REFERÊNCIAS 159

INTRODUÇÃO[1]

Apresentação do tema

Nas páginas seguintes, mergulharemos num texto que tem como pano de fundo a lei nº 8.429, de 2 de junho de 1992, buscando explorar seu impacto e relevância na sociedade. Todavia, é importante ressaltar que durante o período de elaboração do livro (2020 a 2021), ocorreram modificações significativas introduzidas pela Lei nº 14.230 de 2021. Embora tais alterações possam parecer cruciais para alguns, não devem obscurecer o verdadeiro objeto deste trabalho. Nossa jornada se propõe a investigar, não apenas a lei em si, mas principalmente o sistema controlador disfuncional que se erigiu em seu entorno. São as nuances desse contexto e suas implicações que moldarão nossas reflexões e análises ao longo desta obra.

[1] Este livro é uma adaptação da dissertação de mestrado intitulada "Apagão das canetas: análise econômica da responsabilidade da improbidade administrativa" de autoria de Felipe Ramirez Gullo. A versão original da dissertação pode ser acessada no seguinte link: https://bibliotecadigital.fgv.br/dspace/handle/10438/32484.O autor expressa profundos agradecimentos aos seus colegas da Turma de 2020 do mestrado acadêmico em Direito da Regulação da FGV Direito Rio, bem como aos seus orientadores Dr. Thiago Bottino do Amaral, Dr. Carlos Alberto Pereira das Neves Bolonha e Dr. Rogério Borba, pelos insights e correções de rota no desenvolvimento da pesquisa. Ademais, também expresso minha gratidão aos meus familiares (pai, mãe e irmão) e amigos por sempre me apoiarem. E, especialmente, ao meu sócio e amigo Thiago Sodré Xavier da Silva, pelo apoio constante durante toda a elaboração deste trabalho e por sempre acreditar em mim. É só o começo!

O tema central do presente trabalho é a responsabilização do agente público pela improbidade administrativa. Este tema é bastante trabalhado no Direito Administrativo brasileiro, porém, a literatura especializada dedica poucos esforços para realizar uma análise dele sob a perspectiva econômica.

Com isso, essa matéria ganha especial relevo quando se estuda as consequências da responsabilidade pela improbidade administrativa dos agentes públicos, durante os quase 30 anos da criação da Lei de Improbidade Administrativa no Brasil[2], sob a ótica da análise econômica, mais especificamente, pela teoria econômica do crime[3]. Dessa maneira, ao

[2] A Lei de Improbidade Administrativa – Lei nº 8.429, de 2 de junho de 1992 – já tem quase 30 (trinta) anos de vigência regulando condutas cujo objeto são o bem público e o agir com responsabilidade perante a administração pública. A disciplina regulatória do afazer administrativo, também objeto de outros diplomas legislativos, está abrangida por este diploma legal em sua dimensão proibitiva e punitiva, servindo para a contenção de condutas danosas para o Estado e para a preservação do bom administrar. Após seu Jubileu de 25 anos, a Lei de Improbidade Administrativa – LIA carecia de revisão para sua adequação às mudanças ocorridas na sociedade e também para adaptar-se às construções hermenêuticas da própria jurisprudência, consolidadas em decisões dos Tribunais. Com isso, utiliza-se a LIA, neste trabalho, como ferramenta para definir o objeto aqui estudado: improbidade administrativa. BRASIL. **Lei n. 8.429, de 2 de junho de 1992**: Dispõe sobre as sanções aplicáveis aos agentes públicos nos casos de enriquecimento ilícito no exercício de mandato, cargo, emprego ou função na administração pública direta, indireta ou fundacional e dá outras providências. Publicado no DOU em: 03 jun. 1992. Disponível em: http://www.planalto.gov.br/ccivil_03/_ato2011-2014/2013/lei/l12846.htm. Acesso em: 26 out. 2021.

[3] A Teoria Econômica do Crime abordada neste trabalho é aquela referente a que surgiu com a publicação do artigo "*Crime and punishment: an economic approach*" ("Crime e punição: uma abordagem econômica", em tradução livre), de autoria do economista americano Gary Becker. É curiosa a situação cotidiana que fez Becker passar a dedicar-se a uma área que até então não era objeto das análises econômicas. O estudioso relata que começou a refletir acerca dos crimes na década de 1960, após dirigir para a Universidade de Columbia para um exame oral de um estudante de Teoria Econômica. Naquela oportunidade, Becker estava atrasado e teve que decidir entre estacionar o carro em um estacionamento particular ou arriscar ser alvo de uma multa por estacionar irregularmente na rua. Narra, então, que estimou a probabilidade de ser multado, a dimensão da multa e o custo de colocar o carro em um estacionamento, motivo pelo qual resolveu arriscar-se e estacionar na rua – o que, no final das contas, não lhe rendeu uma multa. Mais ainda, Becker conta que, após andar algumas quadras até a sala de aula, lhe ocorreu que as autoridades de trânsito provavelmente elaborariam o mesmo cálculo que ele formulou: a frequência da inspeção de carros estacionados e a dimensão da sanção

depender da perspectiva adotada, observar-se que se faz necessária a aplicação de diferentes percepções para que o agente público seja dissuadido a cometer o ato ímprobo.

Becker e Stigler já asseguravam em seu artigo de 1974[4] que a sociedade tem uma ideia utópica que conseguirá acabar com o crime. Isso nunca acontecerá, pois, não é racional, do ponto de vista econômico, pagar o custo necessário para erradicar o crime ou a corrupção, seja por causa da perda de liberdades individuais ou pelo engessamento burocrático, por exemplo, do setor público.

Por isso, na tentativa mambembe de se evitar que a improbidade aconteça, o controle[5] de forma disfuncional engessa a administração pública,

imposta aos violadores dependeria das suas estimativas quanto ao tipo de cálculo que os próprios violadores – como ele próprio – fariam.
Apesar de esse *insight* determinar o marco inicial da Análise Econômica do Direito Penal, as raízes da economia do crime são mais remotas. O próprio Becker alerta que sua aplicação de uma moldura econômica à análise de comportamentos ilegais não era exatamente uma novidade, porque Cesare Beccaria e Jeremy Bentham, dois importantes artífices das ciências penais durante os séculos XVIII e XIX, explicitamente aplicaram um cálculo econômico a essas questões. A Teoria Econômica do Crime, portanto, nada mais é senão a ressurreição, a modernização e o desenvolvimento desses estudos pioneiros. BECKER, Gary. The economic way of looking at life. *In*: TORSTEN, Persson (ed.). **Nobel Lectures, Economics 1991-1995**. Singapura: World Scientific Publishing Co., 1997. Disponível em: <https://www.nobelprize.org/nobel_prizes/economic-sciences/laureates/1992/becker-lecture.html>. Acesso em 31. mar. 2021.

[4] BECKER, G. S.; STIGLER, G. J. **Law Enforcement, Malfeasance, and Compensation of Enforcers. The Journal of Legal Studies**, v. 3, n. 1, p. 1–18, 1974. Disponível em: https://www.jstor.org/stable/724119 . Acesso em 06. abr. 2021.

[5] Desde logo já esclarecemos nosso conceito operacional de disfunção administrativa decorrente do controle externo como: toda atuação insuficiente, ineficiente ou ilegal da Administração decorrente da atuação direta ou indireta dos órgãos de controle externo, que podem produzir condutas ou resultados prejudiciais ao desempenho de função administrativa. Paulo Modesto alerta para os excessos do controle e a necessidade de se repensar o controle externo centrado num viés repressivo para uma perspectiva de governação ou governança, de modo a deixar que o controle seja algum tipo de expiação e repressão para assumir aspecto de autoprogramação e autocontrole: "Em uma segunda frente o paradigma do controle fundado na culpa e sua repressão externa enfrenta dificuldades. Trata-se do debate sobre a *governance*, governação ou governança das entidades ou organizações. Parte-se aqui da análise dos custos do controle externo, de sua ineficácia para evitar danos, concretos ou reputacionais, e da necessidade de incorporar, interna e estruturalmente, nas diversas organizações controladas, diretrizes de transparência, processualidade, eficiência, informação, moralidade e impessoalidade suficientes para evitar conflitos de interesse e corrigir

tornando a gestão dos bens públicos e da coisa pública praticamente, inviável e ineficiente por construção. Isso acaba por criar o fenômeno-sintoma que foi chamado de 'apagão das canetas' ou 'direito administrativo do medo'[6] que será melhor explicado nos capítulos a frente.

Aqui, encontra-se parte da justificativa social do trabalho, tendo em vista que se têm multiplicado, na literatura jurídica, a preocupação com este fenômeno, acontecimento este que dentre suas causas abarca motivos conceituados pela economia, tais como 'aversão ao risco'[7] e 'análise de custo-benefício'[8].

falhas de funcionamento e direção. O controle deixa de ser expiação e repressão, para ser autoprogramação e autocontrole, com exigências cada vez maiores de adequação organizacional. A governação democrática, que incorpora os agentes da base das organizações em processos decisórios das entidades, parece evitar mais amplamente condutas danosas e seus efeitos do que o controle posterior, sucessivo e repressivo, de organizações externas. Essa exigência, inicialmente imposta a entidades privadas de capital aberto, atualmente tem sido aplicada para o domínio das organizações da sociedade civil sem fins lucrativos e o domínio de diversas organizações públicas, cada vez mais sujeitas ao controle social e à institucionalização consistente de processos decisórios." MODESTO, Paulo. O controle público e o fetiche da culpa. Revista Colunistas – Direito do Estado, Salvador, mar. 2016. Disponível em: http://www.direitodoestado.com.br/colunistas/paulo-modesto/o-controle--publico-e-o-fetiche-da-culpa. Acesso em: 23 nov. 2020.

6 SANTOS, Rodrigo Valgas dos. **Risco na administração pública e estratégias de fuga da responsabilização.** *In*: DIREITO Administrativo do Medo: Risco e Fuga da responsabilização dos agentes públicos. 1. ed. São Paulo: Revista do Tribunais, 2020. cap. 5, p. 317.

7 A aversão ao risco é caracterizada por uma relutância ou falta de vontade de assumir o que são consideradas posições de risco. O principal objetivo de um indivíduo avesso ao risco é minimizar a incerteza. Em parte como consequência de nossa aversão à perda, tendemos a valorizar mais a posição na qual já estamos, mesmo sem realizarmos uma análise detida de seu custo e benefício. KOROBKIN, Russel; ULLEN. Thomas. **Law and Behavioral Science. Removing the Rationality Assumption from Law and Economics.** Law and Economics Research Paper Series. Research Paper nº 00-001. California Review, Berkeley, vol.88, setembro, 2000, p. 66.

8 A Análise de Custo-Benefício é a avaliação dos custos e dos benefícios econômicos de um determinado projeto em relação a um cenário base. Para a realização dessa avaliação, são precificados os custos e os benefícios econômicos envolvidos na análise. Ou seja: quando apresentadas a uma situação que demanda uma escolha, pessoas ou instituições podem aplicar um processo para entender o que se ganha e o que se perde com cada opção ao avaliar de maneira estruturada os prós e contras de uma decisão. PORTO, Antônio Maristello. GAROUPA, Nuno. **Curso de Análise Econômica do Direito**. 1. ed. São Paulo: Atlas, 2020. cap. 2, p. 61.

Desta forma, para que façamos a análise econômica da responsabilidade da improbidade administrativa dos agentes públicos, faz-se necessária ainda à análise da natureza jurídica e mecânica de funcionamento deste instituto para o Direito. Isso para entender as razões que o administrador público vem, aos poucos, desistindo de decidir[9]. O gestor público cada vez mais está avesso ao risco[10].

Ocorre que pelo histórico do Brasil por ter passado por mais períodos ditatoriais do que democracias, a Constituição de 1988 inspirou um modelo de controle fortemente inibidor da liberdade e da autonomia do gestor público, com uma crescente ampliação do controle sobre as suas ações.

Assim, como efeito colateral, decidir sobre a administração pública passou a atrair riscos jurídicos, que podem chegar ao ponto da criminalização da conduta. O administrador desiste, nesse cenário, de decidir, pois como ver seus riscos ampliados ele tende a ter aversão à perda que poderá acontecer, caso o controle pegue-o. Isso ocorre mais por um instinto de autoproteção, pois há uma tendência dos indivíduos a serem mais afetados pelas perdas do que os ganhos. Desta forma, a satisfação de se obter determinado ganho é menor do que sofrimento da perda equivalente.

É possível analisar essa reação pelo prisma dos vieses da economia comportamental[11]: o viés do status quo[12], por exemplo, explica porque

[9] GUIMARÃES, Fernando Vernalha. **O Direito Administrativo do Medo: a crise da ineficiência pelo controle.** Zênite Fácil, categoria Doutrina, 01 set. 2020. Disponível em: http://www.zenitefacil.com.br. Acesso em: 22 maio 2021.

[10] Ibidem.

[11] A Economia Comportamental é uma disciplina relativamente nova, decorrente da incorporação, pela economia, de desenvolvimentos teóricos e descobertas empíricas no campo da psicologia, da neurociência e de outras ciências sociais. Seus pesquisadores partem de uma crítica à abordagem econômica tradicional, apoiada na concepção do "*homo economicus*' que é descrito como um tomador de decisão racional, ponderado, centrado no interesse pessoal e com capacidade ilimitada de processar informações. A economia tradicional considera que o mercado ou o próprio processo de evolução são capazes de solucionar erros de decisão provenientes de uma racionalidade limitada. Em contraposição a essa visão tradicional, a Economia Comportamental sugere que a realidade é diferente: As pessoas decidem com base em hábitos, experiência pessoal e regras práticas simplificadas. Aceitam soluções apenas satisfatórias, buscam rapidez no processo decisório, tem dificuldade em equilibrar interesses de curto e longo prazo e são fortemente influenciadas por fatores emocionais e pelo comportamentos dos outros. Os economistas comportamentais buscam entender e modelar as decisões individuais e dos mercados a partir dessa visão alternativa a respeito das pessoas.

que existe a preferência de um indivíduo por manter seu estado atual, mesmo se uma alteração de sua situação proporcionasse um aumento de bem-estar, este viés estimula o indivíduo a permanecer no nível de referência atual; e ainda tem o efeito dotação[13] que consiste em valorizar os bens que se possui em detrimento dos que não se obtém, mesmo que sejam bens iguais.

Ambos são consequências da assimetria de ganhos e perdas. Estes dois vieses são bastante interligados e explicam o motivo dos agentes públicos não quererem se comprometer na assinatura de ordenamentos de despesas ou processos licitatórios, por exemplo, pois como existe o risco de criminalização da conduta, tenderão a não o fazerem e/ou evitarem tais cargos de decisão e isso causa extrema ineficiência na gestão estatal. Outro ponto interessante trazido pela economia é que isso acabará por fazer uma seleção adversa[14] dos indivíduos dispostos a correrem estes riscos, tendo

Influências psicológicas, emocionais, conscientes e inconscientes que afetam o ser humano em suas escolhas, são tentativamente incorporadas aos modelos. Tanto que ao tomar suas decisões as pessoas cometem, sistematicamente, de forma repetida e consistente, pequenos erros, isto porque a nossa percepção da realidade é enviesada e nosso cérebro opta por atalhos resolutivos para facilitar o processo decisório.
Porém, estes atalhos, alcunhados de heurísticas ou vieses cognitivos acabam por conduzir o indivíduo a decisões que não poderiam ser consideradas as melhores do ponto de vista da maximização da utilidade. Assim, os vieses nos ajudam a entender porque ocorrem sistemáticos de compreensão e avaliação do mundo, capazes de conduzir a equívocos decisórios igualmente sistemáticos.
PORTO, Antônio Maristello; GAROUPA, Nuno. **Curso de Análise Econômica do Direito**. 1. ed. São Paulo: Atlas, 2020. cap. 6, p. 131.

[12] KAHNEMAN, D.; KNETSCH, J.; THALER, R. **Anomalies: The Endowment Effect, Loss Aversion and Status Quo Bias.** *The journalofEconomic Perspectives*, v. 5 (1), p. 193-206, 1991.

[13] Idem.

[14] A seleção adversa é o nome que se dá ao fenômeno de informação assimétrica que ocorre quando os compradores selecionam de maneira incorreta determinados bens e serviços no mercado. Informação assimétrica pode ser explicado como um fenômeno econômico que pode resultar em falha de mercado. Assim, essa assimetria se verifica quando dois agentes econômicos transacionam detendo diferentes níveis de informação acerca do produto ou servido ofertado pela outra parte, gerando distorções na demanda.
Ou seja, devido a falha de mercado causada pela assimetria de informações entre comprador e vendedor, o mercado induz os agentes a fazerem escolhas que não são ótimas. O exemplo clássico de seleção adversa é o do mercado de carros usados. Imagine que há dois tipos de

em vista, que do ponto de vista racional-econômico só valeria a pena o agente estar em um cargo público se ele obter algum ganho escuso através da própria improbidade. Este assunto será melhor explicado nos próximos capítulos.

O presente trabalho busca explorar o conceito da improbidade administrativa no Brasil, desde a promulgação da Lei 8.429 de 1992 até a última alteração ocorrida em outubro de 2021, dando a ele um novo olhar, sob o viés da economia analisando-se pelo movimento da Análise Economica do Direito. Utilizando os conceitos fundamentais da teoria da microeconomia, bem como da teoria econômica do crime e das penas, conceituando os instrumentos analíticos de que dispõe aquela discipina e a sua importância para a aplicação das normas e dos institutos jurídicos.

Vale mencionar que a redação dada pela lei nº 14.230 de 25 de outubro de 2021 trouxe avanços legislativos que ainda precisarão de tempo para consolidação jurisprudencial. O recorte aqui traz a tona o principal problema que a redação anterior causava.

Ademais, apresentaremos casos concretos julgados pelos tribunais que versam sobre os absurdos causados pela má utilização do instituto juridico pelo controle disfuncional, constatando-se a necessidade de se buscar empréstimo da Análise Econômica do Direito para uma melhor proposta de se combater a improbidade, propondo-se, portanto, uma

carros usados sendo vendidos: os carros bons e os carros ruins. A grande questão é que apenas os vendedores sabem a real qualidade dos seus veículos. Ou seja: os compradores, na realidade, só poderão saber de fato a qualidade do veículo após meses de uso. Logo, eles só vão saber o que os vendedores já sabem agora muito após a compra.
Portanto, este se torna um caso clássico de falha de mercado por assimetria de informações. Nesse caso, vendedor do carro possui vantagem na informação em relação ao comprador. Tendo em vista essa situação, o que irá ocorrer então já que o comprador não consegue diferenciar o carro bom do carro ruim? Ele irá pagar no máximo um valor médio entre o carro bom e o carro ruim. Este valor será superior ao valor do carro ruim, e inferior ao valor do carro bom. Isso acontece porque, obviamente, os vendedores de carros bons não irão negociar os seus veículos por menos que eles valem. O que irá ocorrer, então, é que este mercado será composto apenas por carros ruins. Que, por fim, serão negociados pelo valor de um carro ruim, e não mais pelo valor médio entre um carro de boa qualidade e um de má qualidade. Ou seja, em vez do livre mercado selecionar os melhores, a própria falha de mercado induz os agentes a escolherem de forma ineficiente — resultando na seleção adversa. PORTO, GAROUPA Op. Cit. p. 76.

análise econômica da improbidade administrativa que objetive a dissuasão do agente público e não só sua punição pós-delito.

Retornando ao 'direito administrativo do medo', instalou-se o que Guimarães[15] denominou como crise da ineficiência pelo controle, pois os gestores não mais atuam na busca da melhor solução ao interesse administrativo, mas sim na solução que o melhor protege. Logo, a tomada de decisões inovadoras ou a prática de ações controvertidas nas instâncias de controle é igual a expor-se a riscos. Devido a isto que ocorre a retração do administrador instalando a ineficiência administrativa, com prejuízos evidentes ao funcionamento da atividade pública. Como se poderá analisar mais a frente com os dados apresentados.

Quando ocorre a interferência no funcionamento da atividade administrativa, criam-se travas e fricções burocráticas que deixam a gestão pública morosa e ineficiente. E como o controle sobre a atividade administrativa, para fins republicanos, é algo imprescindível e inevitável, logo, um dos objetivos específicos deste trabalho é encontrar instrumentos mais eficazes para inibir condutas arbitrárias e ilegais, assim como para fiscalizar as ações do gestor para o interesse coletivo.

O controle atual vem gerando efeitos colaterais indesejáveis, favorecendo a proliferação destas ineficiências. Guimarães enfatiza que é necessário perceber as externalidades negativas do controle, que devem ser consideradas para o fim da calibragem desse sistema. E ao analisar economicamente a improbidade administrativa dos agentes políticos pode-se iniciar o debate do ponto ótimo para aplicação do controle.

As instâncias de controle passaram a consolidar entendimentos jurídicos bastante rígidos e restritivos relativamente a temas importantes da rotina da administração pública, como a contratação direta e o controle de preços na contratação administrativa.

Com o passar dos anos após a promulgação da Constituição, o sistema de controle no Brasil se aperfeiçoou, e passou a ser cultuado como um dos pilares fundamentais da legitimação democrática, pois se disseminou a compreensão de que a dose do controle tinha que ser cada vez maior independente se isso afetaria ou não o bom funcionamento do aparelho administrativo. E somado a isto se prestigiou um equipamento essencialmente burocrático de controle, desprezando-se seus aspectos finalísticos.

[15] GUIMARÃES, Op. Cit.

O controlador se utiliza de aparatos que lhe oferecessem parâmetros objetivos e seguros de análise e aferição como, por exemplo, o recurso a tabelas referenciais de preço pelas cortes de contas para examinar a correção de preços. Logo, a responsabilidade pelo ato ímprobo tem sanções de caráter *quasi*-penal, contudo o seu sistema não é acusatório e sim inquisitorial cuja responsabilidade é objetiva.

O risco jurídico feito pelo controle é tão alto que, por exemplo, em relação à contratação direta, o administrador da coisa pública envolvido será levado a utilizar o equilíbrio de Nash[16], fazendo com que mesmo quando inequivocamente indicada para o caso utilize da licitação para não ser exposto ao risco do enquadramento em condutas de improbidade, porque instrumentos que deveriam servir como uns dos indícios do ato ímprobo são utilizados como fatores definitivos de diagnóstico da improbidade, por exemplo: preços acima dos limites referenciais da tabela de preço mencionada acima caracteriza como sobrepreço, atraindo as consequências do regime da improbidade.

Os controladores não analisam, pois não lhe interessam, se os fatores reais de mercado (perda cambial, inflação interestadual, preço de frete, etc) afetaram a cotação de preços. Na ótica do controlador o objetivo final é possuir um ferramental que lhe permita minimizar a assimetria de informação[17] com o mercado e alcançar um diagnóstico objetivo e

16 Equilíbrio de Nash simboliza a inalterabilidade em uma situação na qual, em um jogo com dois ou mais jogadores, nenhum jogador pode ganhar se mudar sua estratégia unilateralmente. Isso significa que, se cada participante escolhe a sua melhor estratégia dentro de um jogo, então, entende-se que os mesmos jogadores não têm como melhorar suas estratégias sozinhos (pois já escolheram as melhores e os adversários também). Com isso, a estabilidade entre as estratégias escolhidas pelos jogadores é o que define um Equilíbrio de Nash. O Equilíbrio de Nash busca determinar matemática e logicamente as melhores ações que o participante de um jogo pode tomar para garantir resultados positivos. No Equilíbrio de Nash todos ganham, pois cada um ganha de acordo com sua estratégia. No caso em questão, todos os jogadores a quem estamos nos referindo são os administradores e controladores, logo, o equilíbrio é atingido devido a má utilização de um instituto jurídico de compras públicas conservador como a licitação, pois é sabido que a inovação é configurada como improbidade. Neste jogo todos tendem a serem mais conservadores, e os custos gerados com esta inércia, morosidade e falta de dinamismo são pagos pela sociedade.
PORTO, Antônio Maristello; GAROUPA, Nuno. **Curso de Análise Econômica do Direito**. São Paulo: Atlas, 2020 p.124.

17 PORTO; GAROUPA Ibidem p. 76.

confortável em relação aos possíveis infratores. Mesmo que, de fato, seja um diagnóstico meramente formal. Todo esse risco jurídico que se projeta sobre a contratação administrativa – para ficar nesse exemplo – é potencializado pelos entendimentos jurisprudenciais que passam a enquadrar esses ilícitos como improbidade administrativa.

Ou seja, basta que a conduta do administrador seja considerada ilícita ou contrária aos princípios da administração pública para que o gestor público seja imputado o enquadramento em práticas de improbidade. Restringir excessivamente práticas simples de gestão pode produzir uma melhor performance nos números de ações de improbidade, contudo além de aumentar o custo de transação e produz ineficiências no desenvolvimento da atividade administrativa, não é certo de garantir o controle e perseguição dos desvios de ética.

Em que pese as notícias de eventos de improbidade administrativa não serem raras do cotidiano brasileiro, o processo burocrático, além de incrementar os custos de gestão, talvez não resolvam o problema como se pretende, pois a improbidade tem muitas vezes conseguido esconder-se atrás de tanta sofisticação burocrática, fazendo com que, as vezes, o cumprimento da burocracia legal acabe sendo como um fator de legitimação do ilícito de corrupção. Sem desmerecer a necessidade de sistemas de controle eficazes para os fins a que se destinam, é necessário ponderá-los à luz da relação de custo-benefício no contexto do funcionamento da atividade administrativa.

É de fato a busca por esse tão difícil equilíbrio entre eficiência e burocracia, autonomia discricionária e legalidade, que vem ensejando, ciclicamente, discussões sobre o grau de autonomia do gestor versus a densidade do controle. Por isso, pretende-se aqui repensar parte de nosso sistema de controle e revisitar os entendimentos que lhe vêm dando sinais claros de ineficiência administrativa por causa do controle que impõem ao administrador o ônus da inércia. Enfim, qual o custo do controle?[18]

Como fenômeno social, o 'apagão das canetas', quando muito, revela uma propensão, uma tendência, através de dados incertos. Portanto, para este trabalho, este fenômeno trata-se de uma espécie do genêro das estratégias de fuga da responsabilização da improbidade administrativa, cuja reflexão se debruça sobre os riscos da atividade política em face de

[18] GUIMARÃES Op. Cit.

sua eventual responsabilização. Trata-se dos denominados: *blame games*, ou jogos de culpa, cuja finalidade é desviar a responsabilidade do gestor por intermédio de estratégias escolhidas com intuito de evitar as consequências políticas e jurídicas da responsabilização. Com efeito, o "*blame risk*" ou "risco da culpa"[19] ou risco de responsabilização, trata de um risco muito diferente daqueles a que estamos acostumados, tais como os tradicionais riscos da atividade administrativa para a sociedade ou para a atividade empresarial, exemplificados em riscos ambientais, de segurança ou riscos alimentares.

Este problema é real aqui e ocorre pelo mundo de forma diferenciada, tanto que Coglianese[20] afirmou em seu artigo "*Empirical Analysis and Administrative Law*" que um dos principais motivos pelo qual a regulamentação administrativa se tornou 'ossificada' (outro termo que exprime o mesmo fenômeno do 'apagão' das decisões) foi a ameaça da revisão judicial (*judicial review*). Acredita-se que a administração está ossificada, pois como as agências governamentais sempre enfrentam uma alta probabilidade de que suas medidas estejam sujeitas a litígios e combinada com a incerteza sobre a qual os tribunais de revisão considerarão ou não sua legislação "arbitrária e detalhista" demais, acabam criando empecilhos significativos para que estes órgãos busquem desenvolver as regulamentações necessárias. A possibilidade iminente de revisão judicial, argumentou Thomas McGarity, significa que "as agências estão constantemente 'olhando por cima dos ombros' nos tribunais de revisão na preparação de documentos de apoio, na redação de preâmbulos, na resposta a comentários públicos e na montagem do registro de regulamentação"[21].

19 Os estudos de Christopher Hood, cujo papel foi determinante para tratarmos dos efeitos do controle disfuncional, a partir de seus estudos sobre estratégias de fuga da responsabilização ou *blame avoidance*. Apresentamos algumas estratégias, pois o imobilismo decisório (ou apagão das canetas) – sem dúvida uma das estratégias de fuga da responsabilização – é só uma de muitas outras que este estudo pretendeu abordá-las. HOOD, Christopher. **El juego de la culpa: manipulación, burocracia y autoconservación en el estado**. Tradução: José Antonio Olmeda Gomez. Madrid: Instituto Nacional de Administración Pública, 2014. p. 22.

20 COGLIANESE, Cary. ***Empirical Analysis and Administrative Law***. SSRN Electronic Journal, 2002. P. 17-18.

21 O primeiro a usar a metáfora de "ossificação" neste contexto foi atribuído ao Donald Elliott. MCGARITY, Thomas O., ***Some Thoughts on "Deossifying" the Rulemaking Process***,

Guardando as devidas proporções, este problema que ocorre nos EUA contém a mesma origem do controle disfuncional que ocorre no Brasil causando uma postura conservadora dos administradores públicos, atarracando a administração de agir pelo bem coletivo da forma mais eficiente possível.

Pensem-se aqui nos custos de transação, para se regular o 'apagão das canetas', sociedades não muito grandes, nas quais prevalece o conhecimento pessoal, desenvolvem com frequência soluções normativas que não vão nem ao extremo da privatização nem ao reverso da estatização. Trata-se daquilo que se designa na AED por normas sociais, não legisladas, mas que nem por isso, diz-se, deixam de vincular as condutas dos seus destinatários.[22] Essas normas corroborariam o Teorema de Coase,[23] segundo o qual, se os custos de transação são baixos – se há

[s.l], 1992, p. 385.

[22] *"Social norms are customary rules of behavior that coordinate our interactions with others. Once a particular way of doing things becomes established as a rule, it continues in force because we prefer to conform to the rule given the expectation that others are going to conform [...]. This definition covers simple rules that are self-enforcing at a primary level, such as which hand to extend in greeting or which side of the road to drive on, and more complex rules that trigger sanctions against those who deviate from a first-order rule. (We express outrage if someone cuts in front of someone else in a queue.) The former are sometimes called conventions and the latter norms [...], but in fact there are numerous gradations and levels of response to norm violation that make this dichotomy problematic* [...]." YOUNG, Peyton H. Social norms. **The New Palgrave Dictionary of Economics**. 3.ed. Palgrave Macmillian, 2018, p.12.592.

[23] É possível dizer que as normas sociais corroboram o Teorema de Coase, mas é também possível dizer que servem de alerta em face de afirmações peremptas acerca de sua exatidão. Uma das premissas do Teorema de Coase é a de que os direitos e deveres – as titularidades – devem estar bem definidos – deve haver regras claras – para que as partes os aloquem da maneira mais eficiente. O estudo de Ellickson, contudo, sobre a resolução de problemas sociais por vaqueiros e fazendeiros no condado de Shasta County, na Califórnia, constatou que esses vaqueiros e fazendeiros não conheciam as regras legais (as titularidades, os direitos e deveres). As normas sociais não eram uma continuação ou uma aplicação do direito legislado. Eram algo de diferente. Sobre o tema: "*Again these speculations* [on the Coase Theorem] *led to an empirical study, this time of how real farmers and ranchers resolve such conflicts. The result was that they generally didn't* know *the legal rule. They worked out their obligations through informal norms – by which is meant rules enforced socially rather than legally – about what neighbors have a right to expect from each other. The author of the study, Robert Ellickson, suggested that these informal norms were themselves waste minimizing [...]. But the point for our present purposes is that the law wasn't serving the function envisioned for it by some of the economists following Coase. Ellickson treats these results as a warning against the temptations of 'legal centralism' – the view that the rules governing people's rights all*

conhecimento pessoal, se os indivíduos são próximos uns dos outros, se os indivíduos não são muitos, se os problemas não são muito complexos, se o tempo não é por demais exíguo –, os indivíduos alocarão, da melhor maneira e por si sós, sem que seja necessária a intervenção de uma autoridade externa, os bens escassos de que necessitam para satisfazer as suas necessidades econômicas. Dizendo de outra maneira, em ambientes de baixos custos de transação, o 'apagão das canetas' não chegará ao seu ponto trágico.

O problema de pesquisa deste trabalho, portanto, é investigar como se pode utilizar a Análise Econômica do Direito na aplicação da improbidade administrativa e seus efeitos. E assim determinar se existem meios dissuasórios mais eficazes que os vigentes que evitem a realização deste instituto jurídico pelos agentes públicos.

Para concluir o ponto das justificativas, organizar a literatura em torno da classificação da responsabilidade da improbidade administrativa na análise econômica também é uma justificativa teórica para o presente trabalho, pois não tem outros estudos jurídicos, mesmo de AED, no Brasil que o faça[24]. De outra parte, o trabalho também se justifica do ponto de vista da sociedade porque de acordo com os dados do Poder Judiciário chamado "Justiça em Números" elaborado pelo Conselho Nacional de Justiça (CNJ) informa que, só no ano de 2020, 26.112 novos processos cujo assunto foi a improbidade administrativa foram protocolizados em todo o país[25], como se pode ver a seguir:

come from the government." FARNSWORTH, Ward. **The legal analyst: a toolkit for thinking about the law.** Chicago: The University of Chicago Press, 2007, p.83.

[24] Deve-se dar crédito, mais uma vez, a Rodrigo Valgas dos Santos, que esquematizou o tema do Direito Administrativo do Medo problematizando a ineficiência da Administração Pública. Contudo, a obra de Rodrigo Valgas dos Santos, não aborda a análise economica do direito. O presente trabalho faz isso também. SANTOS, Rodrigo Valgas dos. **Direito Administrativo do Medo: Risco e Fuga da responsabilização dos agentes públicos.** 1. ed. São Paulo: Revista do Tribunais, 2020.

[25] **Justiça em Números.** Brasília: Conselho Nacional de Justiça, 1 jan. 2021. Disponível em: https://www.cnj.jus.br/pesquisas-judiciarias/justica-em-numeros/. Acesso em: 25 maio 2021.

Figura 01 – Número de casos novos no Poder Judiciário cujo assunto foi a improbidade administrativa – Justiça em Números CNJ.

Saber se esses números são sintoma ou causa da aversão ao risco pelo gestor público é um dos objetivos deste trabalho, pois é possível identificar que há um crescendo nos números de ações de improbidade administrativa. E tentar entender se estes procedimentos geram o efeito de dissuasão nos agentes de cometerem atos de improbidade é importante para saber se o controle está sendo eficiente ou disfuncional

E, caso seja disfuncional, determinar, portanto, os motivos deste problema que poderá servir de ponto de partida para estudos mais sofisticados no futuro. Isso porque as literaturas econômicas da regulação têm documentadas uma série de estratégias regulatórias para o combate a corrupção e o combate ao crime *per si*. Agora, analisar a improbidade pela ótica econômica é a primeira vez, portanto, podendo revelar caminhos para o trato do fenômeno da fuga da responsabilização.

No que concerne à metodologia, será a de um trabalho qualitativo-analítico. O trabalho é qualitativo, como afirma Goertz e Mahoney, quando usam como ferramenta a sua linguagem, que é a da lógica e a da teoria dos conjuntos.[26] Como conceitos são conjuntos formados

[26] *"Ideas concerning necessary conditions and sufficient conditions are at the core of qualitative research practices. These kinds of conditions are implicitly used in the formulation of countless hypotheses in the qualitative tradition. They are central components of qualitative methods of concept formation, qualitative approaches to case selection, and nearly all qualitative methods of hypothesis testing. [...] Our view is that qualitative research and methodology cannot be fully codified and understood without taking*

por condições mais ou menos necessárias e mais ou menos suficientes, a investigação qualitativa é a das condições necessárias e suficientes de um fenômeno, evento, conceito, bem como a da verificação dessas condições no mundo real. É nesse sentido que o presente trabalho é qualitativo.

De outra parte, o presente trabalho é analítico na medida em que investiga problemas e casos de um instituto do direito sob a ótica da ciência econômica. E para cumprir o objetivo apresentado e responder à pergunta de pesquisa proposta, utiliza-se a análise econômica do direito (AED), sob uma perspectiva da teoria econômica do crime[27], em especial com a construção de uma base teórica fundada em ferramentas de microeconomia[28] e de economia comportamental[29], como método de estudo, por meio da aplicação do ferramental teórico e metodológico da economia à teoria jurídica.

Não se trata da utilização da análise econômica como objeto específico de estudo, mas sim da aplicação do método econômico para a investigação do problema de pesquisa, cujo objeto pode ser qualquer questão que envolva escolhas humanas, logo, a abordagem econômica serve para compreender toda e qualquer decisão individual ou coletiva que verse sobre recursos escassos, seja ela tomada no âmbito de mercado ou não. A análise econômica do direito, portanto, nada mais é que a aplicação desse método para se tentar compreender, explicar e prever as implicações fáticas no ordenamento jurídico.[30] Mas como se pode instrumentalizar um instituto jurídico para analisá-lo de forma econômica?

into consideration ideas of necessity and sufficiency." GOERTZ, Gary; MAHONEY, James. **A tale of two cultures: qualitative and quantitative research in the social sciences.** New Jersey: Princeton University Press, 2012, p.12.

27 BECKER, Gary S.. Crime and Punishment: An Economic Approach. **Journal of Political Economy**, vol. 76, n. 2, p.169-217, 1968. Disponível em: www.jstor.org/stable/1830482. Acesso em 25 jun. 2021.

28 PORTO, Antônio Maristello. GAROUPA, Nuno. **Curso de Análise Econômica do Direito.** 1. ed. São Paulo: Atlas, 2020. cap. 2, p. 55 et seq.

29 Ibid., p. 131 et seq.

30 GICO JR., Ivo. Introdução à Análise Econômica do Direito. In: RIBEIRO, Márcia Carla Pereira; KLEIN, Vinicius (coord.). **O que é Análise Econômica do Direito: Uma Introdução.** 2ª Edição. Belo Horizonte, Editora Fórum, 2016, p. 19-20.

Estrutura dos capítulos

Em princípio, no capítulo 1, o intuito é explicar rapidamente o que é para o Direito a improbidade administrativa, para daí já apresentar a abordagem econômica de sua responsabilização. Porquanto, o conceito e demais debates sobre a natureza jurídica do instituto já foi muito bem explicada em diversas outras obras. Assim, ao apresentar o conceito da Improbidade Administrativa, se apresenta os seus principais problemas que foram, em parte, sanados pela lei 14.230 de 25 outubro de 2021. Ao aplicar as teorias econômicas sobre o instituto e os seus efeitos sociais ocorre o entendimento da hipótese principal do trabalho que será apresentada na explicação da Teoria Econômica do Crime e na forma racional que o agente público toma a decisão de cometer ou não a improbidade.

Já o segundo capítulo traz à tona algumas estratégias de fuga da responsabilização que transcendem o simples imobilismo decisório que o 'apagão das canetas' acarreta, comprovando que se o controle continuar disfuncional a gerência do nosso Estado estará numa situação temerária.

O terceiro capítulo investiga então as disfunções da improbidade administrativa, passando por um estudo das razões que levaram ao problema que a análise econômica identificou no primeiro capítulo. E para exemplificar e explicar como ocorre o controle disfuncional do agente público serão analisados diversos casos que mostram o quanto ainda temos que avançar para um controle eficiente.

Por fim, é apresentado um modelo de como responder uma versão da pergunta deste trabalho: Como a teoria econômica do crime pode solucionar o impasse entre liberdade de atuação do agente público e o grau de responsabilização da sua atuação? Por essa razão, é interessante, buscar uma forma de visualizar a improbidade administrativa levando em consideração os efeitos que a análise economica apresentou para, de fato, dissuadir o agente público de a cometê-la e não o incentivar como está ocorrendo.

Para concluir esta introdução, são apropriadas algumas ressalvas conceituais e metodológicas, que valerão para o restante do trabalho. Em primeiro lugar, seguindo a linha da literatura revisada, o presente texto enfocará a Justiça civil, federal e estadual. Como se verá adiante é, de fato, costumeiro, na análise econômica do direito, restringir o estudo aos conflitos entre particulares (litígios), entretanto, como as razões para a atuação de promotores de justiça, tribunais de contas, e o próprio judiciário a quem cabe o *enforcement* judicial do contra a improbidade administrativa, são distintos das razões dos indivíduos privados para levar um caso a juízo, caberá aqui, uma análise voltada para dissuasão de um dano ao Estado e não entre cidadãos.[31]

O texto valer-se-á do conceito de dano de maneira bastante alargada, tal como utilizado pela literatura econômica[32] e não pela literatura jurídica. No Direito, pelo artigo 5º, XXXV, da Constituição Federal, que protege os direitos ameaçados, está assentada a posição segundo a qual as ações judiciais não se destinam apenas à reparação por um dano, mas, sim, a atacar os atos ilícitos[33].

A literatura econômica, contudo, vale-se do conceito de dano de forma larga porque é o conceito que mais se aproxima da ideia de externalidade negativa[34] e, portanto, de custo social.[35] A utilização alargada, aqui, do conceito de dano, contudo, não há de causar maiores transtornos. Chamar

[31] SHAVELL, Steven. **The fundamental divergence between the private and the social motive to use the legal system. Journal of Legal Studies**, v. 26, Illinois: The University of Chicago Press, p.575-612, 1997, p.600. Disponível em: https://pdfs.semanticscholar.org/d4d6/0a225e49d6f953e8020b9aea072cc3091b80.pdf. Acesso em: 25 maio 2021.

[32] Idem.

[33] "Porém, quando se vai em busca de um conceito de ilícito, ainda que sem aludir aos novos direitos, constata-se que sempre houve separação entre ato contrário ao direito e fato danoso, sendo esse último uma consequência eventual, mas não necessária, do primeiro. Se o ilícito, compreendido como ato contrário ao direito, sempre esteve claro à doutrina, o certo é que o processo civil, ao contrário do processo penal, negou-lhe importância. Ou melhor, o ato contrário ao direito não foi objeto de preocupação do processo civil porque, na sua seara, não havia razão para se reprimir a violação de um direito que não ocasionasse dano.
"Acontece que os direitos fundamentais, na atualidade, apontam para a necessidade de se repensar a ideia de ilícito diante do processo civil e, muito mais do que isso, exigem que à ação civil se outorgue uma nova conformação, capaz de responder aos desejos das normas de proteção violadas, e não mais apenas às necessidades de ressarcimento dos danos produzidos." MARINONI, Luiz Guilherme. **Curso de processo civil**: teoria geral do processo. São Paulo: Editora Revista dos Tribunais, 2006, p.200.

[34] Uma extenalidade negativa é representada pelo impacto negativo que uma ação pode ter sobre terceiros. Pode surgir tanto durante a produção quanto no consumo de um bem ou serviço. O exemplo mais facilmente encontrado de externalidade negativa é a poluição do ar, muito embora, além dos resíduos gasosos, existam outras formas de externalidades, como os resíduos sólidos e os resíduos líquidos. PORTO; GAROUPA, op. cit. p. 69 –70.

[35] Nesse sentido, veja-se o capítulo de litígios da seguinte obra: PORTO, Antônio Maristello. GAROUPA, Nuno. **Curso de Análise Econômica do Direito**. 1. ed. São Paulo: Atlas, 2020. cap. 11, p. 303 et seq.

o ato violador da esfera jurídica alheia de dano ou de ilícito (sem dano) é uma questão meramente nominativa.

O que importa é ter em mente que, quando chamada a resolver um conflito, o Direito, como se verificará, já estará a atuar numa situação de perda social (custo social, externalidade). Mesmo nos casos de ameaça de violação a direito, o que o Direito faz, através do Poder Judiciário, é, quando muito, manter a esfera jurídica das partes intacta. O Direito não atua com vistas à criação de bem-estar. Embora a ameaça de atuação do Direito sirva de incentivo a que as partes cooperem em direção ao futuro, quando a Justiça é, de fato, chamada a intervir, o contexto é de perda, provável ou corrente. Essas ideias serão úteis ao longo do trabalho, como se verá. Isto é, quererá saber como, de fato, utilizar a análise econômica para responsabilidade da improbidade administrativa feito pelos agentes públicos.

CAPÍTULO 1
ABORDAGEM ECONÔMICA SOBRE A IMPROBIDADE ADMINISTRATIVA

1.1. Definição de Improbidade Administrativa

Devido ao seu caráter multifacetado, pois atos ímprobos podem resultar em condutas ilícitas civis e administrativas, a improbidade administrativa é um tema delicado. Sua origem encontra-se na Constituição Federal que, em seu art. 37, §4º, estabelece que uma lei específica regulará os atos de improbidade.

Esse dispositivo constitucional enumera algumas sanções a serem aplicadas pela prática de ato de improbidade. Com efeito, estipula a norma que os "atos de improbidade administrativa importarão a suspensão dos direitos políticos, a perda da função pública, a indisponibilidade dos bens e o ressarcimento ao erário, na forma e gradação previstas em lei, sem prejuízo da ação penal cabível"[36]. Por sua vez, a lei que regulamenta os atos de improbidade, expedida, detém a definição do que é a improbidade administrativa, em termos legais.

Essa amostra do conceito pelo vies legal é para simplificar e também evadir do debate criado por diversos doutrinadores de onde encaixar a

[36] BRASIL. Constituição 1988. **Constituição da República Federativa do Brasil de 1988.** Brasília, DF: Presidência da República. Disponível em: http://www.planalto.gov.br/ccivil_03/constituicao/constituicao.htm . Acesso em: 27 jun. 2021.

responsabilidade da improbidade administrativa (civil, administrativa, política). Esta celeuma, em que pese ser muito importante para o Direito porque é daí que saem os argumentos bases em diversas defesas e acusações sobre o instituto, para o presente trabalho é inócua, pois não estamos a procura da definição do objeto pelo Direito nem mesmo pela Econômia, e sim estamos querendo estudar como remediar os seus efeitos através de uma ciência que já provou poder dissuadir indivíduos de cometerem atos por defender os seus interesses.

O recorte metodológico feito aqui, portanto, é como a análise econômica da improbidade administrativa deve ser feita para vermos meios dissuasórios para os agentes públicos não a cometerem. Com isso, estudaremos a realidade brasileira, pelo período da promulgação da lei até a sua última alteração realizada pela Lei [37].

Para uma análise completa da origem da improbidade administrativa é impositivo muitos estudos pelo viés político, histórico e jurídico, contudo este presente trabalho sugere somente uma análise sob o viés econômico, de modo a afastar o maniqueísmo e o senso comum acerca do tema, utilizando o método analítico que explicam as relações de causa-efeito sobre o fenômeno.

Só assim, em poder de tal conteúdo teórico, é possível criar e utilizar instrumentos legais e jurídicos eficazes. Para compreensão dos arranjos institucionais[38], atitudes e formas de pensar dos agentes ímprobos. Para tanto, faz-se necessária uma pesquisa mais ampla, não bastando para um completo entendimento do fenômeno uma análise baseada em obras técnicojurídicas ou conclusões fatalistas.

[37] BRASIL. **Lei nº 14.230 de 25 de outubro de 2021**. Altera a Lei nº 8.429, de 2 de junho de 1992, que dispõe sobre improbidade administrativa. Publicado no DOU em: 26 out. 2021. Disponível em: http://www.planalto.gov.br/ccivil_03/_Ato2019-2022/2021/Lei/L14230.htm Acesso em: 26 out. 2021.

[38] Os arranjos institucionais são aqui compreendidos como regras específicas que os agentes estabelecem para suas transações econômicas ou nas relações políticas e sociais e que definem a forma de coordenação de processos em campos específicos, "delimitando quem está habilitado a participar de um determinado processo, o objeto e os objetivos desse e as formas de relação entre os atores" PIRES, R. & GOMIDE, A., 2014. **Burocracia, democracia e políticas públicas: arranjos institucionais de políticas de desenvolvimento**. Texto para discussão, 1940. Brasília: IPEA.

Atualmente, a matéria referente à improbidade administrativa praticada pelos agentes públicos se encontra positivada na Lei n. 8.429/92, que sofreu grandes alterações em 2021. Ainda assim, essa lei tem sua estrutura composta por cinco pontos principais: o sujeito passivo, o sujeito ativo, a tipologia da improbidade, as sanções e os procedimentos. Para José dos Santos Carvalho Filho[39], a "ação de Improbidade Administrativa é aquela em que se pretende o reconhecimento judicial de condutas de improbidade na Administração, perpetradas por administradores públicos e terceiros, e a consequente aplicação das sanções legais, com o escopo de preservar o princípio da moralidade administrativa."

Em razão da Constituição da República ter mencionado em seu texto a moralidade como princípio no art. 37, *caput*, e a improbidade como lesão ao mesmo princípio, vale dizer que uma afeta a outra. Contudo, a improbidade não se confunde com a imoralidade, sendo esta uma espécie daquela, pois o agente ímprobo sempre se qualificará como violador do princípio da moralidade, contudo, nem todo ato de improbidade tipificado em lei corresponde a violação ao princípio da moralidade.[40]

Logo a probidade administrativa trata-se de princípio que exige a honestidade, lealdade, boa-fé de conduta no exercício da função administrativa – ou seja, a atuação não corrupta dos gestores públicos, ao tratar com a coisa de titularidade do Estado. Esta norma estabelece a obrigatoriedade de observância a padrões éticos de conduta, para que se assegure o exercício da função pública de forma a atender às necessidades coletivas. É importante que, interpretando a Constituição Federal

[39] CARVALHO FILHO, José dos Santos. **Manual de Direito Administrativo**. Rio de Janeiro: Editora Lumen Juris, 23. ed., 2014. p. 1111-1112.

[40] "O princípio da moralidade impõe que o administrador público não dispense os preceitos éticos que devem estar presentes em sua conduta. Deve não só averiguar os critérios de conveniência, oportunidade e justiça em suas ações, mas também distinguir o que é honesto do que é desonesto. Acrescentamos que tal forma de conduta deve existir não somente nas relações entre a Administração e os administrados em geral, como também internamente, ou seja, na relação entre a Administração e os agentes públicos que a integram. O art. 37 da Constituição Federal também a ele se referiu expressamente, e pode-se dizer, sem receio de errar, que foi bem aceito no seio da coletividade, já sufocada pela obrigação de ter assistido aos desmandos de maus administradores, frequentemente na busca de seus próprios interesses ou de interesses inconfessáveis, relegando para último plano os preceitos morais de que não deveriam afastar-se." Ibid. p. 22.

como uma norma posta integrante do ordenamento jurídico nacional, se admita que a atuação em desconformidade aos padrões de moralidade enseja uma violação ao princípio da legalidade, amplamente considerado, por abranger, inclusive, os princípios e regras constitucionais. Sendo assim, por ser a moralidade um conceito jurídico indeterminado, normalmente a jurisprudência aplica a sua violação como vício de legalidade da atuação administrativa. No entanto, a moralidade deve ser analisada como princípio autônomo, sendo possível a retirada de um ato administrativo imoral, ainda que não haja direta violação ao princípio da legalidade.[41]

A Lei de Improbidade Administrativa deu tratamento amplo à matéria, estipulando uma série de atos de improbidade que não configuram imoralidade, como, por exemplo, atos que causam dano ao erário, praticados com culpa *stricto sensu* pelo agente ímprobo. Com intuito de resguardar os princípios da administração pública, conforme a Lei 8.429/92, eram espécies de improbidade administrativa:

(i) ações ou omissões que geram enriquecimento ilícito, em detrimento da função pública;
(ii) ações ou omissões dolosas ou culposas que causam dano ao erário;
(iii) ações ou omissões que atentam contra os princípios da Administração Pública.

Logo, além a configuração do ato de improbidade não depende da demonstração de dano patrimonial ao erário público, podendo estar configurada pela simples violação a princípios administrativos, e isso antes das alterações de 25 de outubro de 2021, era realizada por ações e omissões, ou seja, com ou sem dolo. Vale mencionar que esta diferença trazida pela novel legislação é o ponto principal de argumento desta dissertação, pois esta defende a hipótese de que a definição de improbidade administrativa

[41] "embora não se identifique com a legalidade (porque a lei pode ser imoral e a moral pode ultrapassar o âmbito da lei), a imoralidade administrativa produz efeitos jurídicos, porque acarreta a invalidade do ato, que pode ser decretada pela própria Administração ou pelo Poder Judiciário. A apreciação judicial da imoralidade ficou consagrada pelo dispositivo concernente à ação popular". PIETRO, Maria Sylvia Zanella Di. Direito Administrativo. São Paulo: Atlas, 21ª ed. 2008.

utilizada antigamente pelo ordenamento jurídico, não só era ineficiente[42] quanto criava uma aversão ao risco[43] desnecessária dos agentes públicos, atraindo, possivelmente, àqueles agentes dipostos ao risco devido aos ganhos escusos[44], conforme veremos mais a frente.

De qualquer modo, existe este importante vies para identificação desse tipo de desvio de comportamento e ele se posiciona sobre o critério estabelecido na legislação nacional, positivado de forma clara. Essa definição é amplamente adotada na análise de juristas e cientistas sociais acerca do tema, porquanto é explícito, expondo de forma objetiva os requisitos e proibições necessários para incidência e enquadramento de condutas. Assim, esse condicionamento legal e moral de rompimento do bem jurídico tutelado pela norma fornece um objeto de pesquisa tangível sobre o qual o foco do pesquisador deve se concentrar.

[42] Vale mencionar que a inclusão do princípio da eficiência, expresso na Constituição, suscitou numerosas e acerbas críticas por parte de alguns estudiosos. Uma delas consiste na imprecisão do termo. Ou seja: quando se pode dizer que a atividade administrativa é eficiente ou não? Por outro lado, afirma-se ainda, de nada adianta a referência expressa na Constituição se não houver por parte da Administração a efetiva intenção de melhorar a gestão da coisa pública e dos interesses da sociedade. Com efeito, nenhum órgão público se tornará eficiente por ter sido a eficiência qualificada como princípio na Constituição. Assim, por falta de definição no direito, este presente trabalho importa o conceito de eficiência adotado pela economia. Para economia, a eficiência significa que é impossível melhorar a situação de uma parte sem impor um custo a uma outra. No modelo de oferta e demanda, eficiência significa que a economia está obtendo o maior benefício possível de seus recursos escassos e todos os possíveis ganhos de troca foram alcançados. Em outras palavras, a quantidade ótima de cada produto e serviço está sendo produzida e consumida. Trata-se portanto de uma situação em que não há mais nada para melhorar sem piorar alguma outra coisa. Dependendo do contexto, o termo é utilizado para dois conceitos relacionados mas não equivalentes: (i) Eficiência de alocação ou Eficiência de Pareto: Arranjo já ideal entre duas partes, em que qualquer mudança para assistir uma parte prejudicaria a outra; (ii) Eficiência produtiva: Arranjo já ideal, em que nenhuma produção adicional pode ser obtida sem aumentar os custos. A eficiência econômica é, portanto, um termo genérico dado aos valores determinados para uma dada situação, visando estimar a quantidade de desperdício ou "atrito" (ou outras características econômicas indesejadas) presentes no quadro analisado. Ibid. p. 31 e PORTO, GAROUPA, op. cit. p. 58.

[43] KOROBKIN, Russel; ULLEN. Thomas, Op. Cit.

[44] Mais à frente explicaremos melhor a elaboração desta conjecturação, pois se trata de um resultado indesejado criado pelo controle disfuncional.

A improbidade administrativa de agentes públicos, *per si*, pode ser sancionada nas instâncias administrativa e cível de forma independente. Contudo, o objeto aqui se restringe as sanções de improbidade previstas na Lei n. 8.429/92, cuja natureza, primordialmente, é civil, não impedindo, contudo, vale mencionar a esfera a qual pertence a responsabilidade já foi de grande debate na Doutrina, contudo, a Lei n. 8.429/92, após as alterações ocorridas em 2021, diferenciou a instância civil da instância de improbidade administrativa, caracterizando essas penalidades como uma outra instância de punição. Como já afrimado acima este debate para o presente trabalho é inócuo, pois para o viés econômico, tanto faz se a punição é penal ou cívil ou administrativa, e sim se o agente que comete a infração pensa na probabilidade da punição, na severidade da mesma e na celeridade da aplicação da pena e até mesmo a possibilidade de prescrição, pois estes são, em tese, o que qualquer agente que comete o crime ou o ato improbo ou a transgressão da lei, pensaria numa digressão analítica racional na qual se pergunta se o custo é maior ou menor que o benefício a ser adquirido ao cometê-lo[45].

Portanto, numa perspectiva econômica, o crime ou delito pode ser definido como um tipo especial de externalidade[46], uma vez que consiste numa atividade pela qual um agente concretiza as suas preferências, independentemente de outros agentes afetados por esse comportamento terem preferências incompatíveis e de essa incompatibilidade não ter sido resolvida através de uma transação no mercado.[47]

[45] Ao contrário de algumas outras teorias explicativas do crime, que se focam em conceitos como insanidade ou anormalidade comportamental, ou que investigam causas de ordem sociológica ou cultural, os autores da referida teoria econômica, adotam, no entanto, o modelo do agente econômico racional colocado em contexto de incerteza. Nesse modelo, o criminoso – tal como qualquer outro indivíduo –, escolhe praticar o ato criminoso se o resultado final do mesmo (incluindo o risco de sofrer uma sanção) ultrapassar o resultado que o mesmo poderia alcançar com recurso a alternativas legais. PATRÍCIO, Miguel. A ANÁLISE ECONÓMICA DO CRIME: UMA BREVE INTRODUÇÃO. **Colóquio de Direito Luso-Brasileiro. Faculdade de Direito do Largo de São Francisco – USP**, São Paulo, ano 2015, n. 1, p. 157-175, 2015. Disponível em: https://www.cidp.pt/revistas/rjlb/2015/1/2015_01_0157_0175.pdf. Acesso em: 15 set. 2021.

[46] Idem p. 159.

[47] Idem p. 160.

Portanto, o agente público pode buscar cometer os seguintes delitos que configurarão em improbidade administrativa: obter enriquecimento ilícito, abusar de seu poder, mal utilizar a sua função pública, mediante ações ilegais que ofendem a percepção geral de como agentes estatais devem agir ou como governos devem operar[48], ou seja, podem cometer atos que atentem contra os princípios da administração. Assim, Gasparini[49] afirma que: "[...] o uso anormal do poder é circunstância que torna ilegal, total ou parcialmente, o ato administrativo ou irregular a sua execução. Na primeira, hipótese, há desvio de finalidade ou excesso de poder, conforme a ilegalidade seja total ou parcial, enquanto, na segunda, há abuso de poder."

Nesse sentido, a Lei de Improbidade Administrativa (LIA), em seu artigo 11, trata da infringência a princípios que violam os deveres de honestidade, imparcialidade, legalidade e lealdade às instituições[50]. Como exemplos, pode-se citar casos de nepotismo, que foi proibida em 2021 até na sua forma cruzada. Quanto ao ponto desta dissertação, salienta-se que a descrição aberta do artigo 11 da LIA admitia uma interpretação demasiadamente abrangente, de modo que meras condutas inadequadas possam ser equiparadas a atos ímprobos.

Logo, ao praticar um ato de improbidade, o servidor estará sujeito a responsabilização civil, ainda poderá sofrer as sanções previstas nessa legislação específica. As sanções por improbidade serão aplicadas mediante a propositura da Ação de Improbidade. Sendo assim, por tratar-se de lei que comina sanções administrativas àqueles que causam dano direto ou não ao erário público, entende-se que compete privativamente à União legislar acerca de improbidade administrativa e, dessa forma, a Lei 8.429/92 tem abrangência nacional e não somente federal.

Para explicar a quem esta lei abrange, vale mencionar a redação do primeiro artigo da lei que torna legítima a punição de particulares que concorram para a prática do ato de improbidade, sem que haja o necessário enriquecimento do agente público:

48 Id.

49 GASPARINI, Diógenes. **Direito Administrativo**, 08ª edição. São Paulo: Saraiva, 2003. p. 198.

50 DI PIETRO, Maria Sylvia Zanella. **Direito administrativo.** 33ª edição. São Paulo: Atlas, 2020. p. 257.

> *"Art. 1º O sistema de responsabilização por atos de improbidade administrativa tutelará a probidade na organização do Estado e no exercício de suas funções, como forma de assegurar a integridade do patrimônio público e social, nos termos desta Lei."*

Cabe ressaltar que a lei ao permitir a existência de outros atos de improbidade, desde que fundados em lei específica. Logo, o sistema jurídico pode ampliar o rol legal, desde que o faça com inserção de novas espécies de improbidade administrativa e definição de suas respectivas sanções em leis especiais.

A novel redação da LIA considera dolo a vontade livre e consciente de alcançar o resultado ilícito tipificado nos arts. 09º 10 e 11 desta Lei, não bastando a voluntariedade do agente. Apesar de este dispositivo ser bastante criticado pela doutrina, inserido na lei em 2021, determinando que, para a configuração da prática dos atos de improbidade, é necessária a demonstração do dolo específico, este presente trabalho requer demonstrar que trata-se de um avanço legislativo sob a ótica economica de prevenção e dissuasão do delito. A lei limita-se a permitir a configuração dos atos de improbidade administrativa quando o dolo específico estiver presente, condição que apesar do aumento da difículdade da comprovação prática trará mais eficiencia a aplicação da LIA, diminuindo o risco de ações desnecessárias, penas a inocentes e o apagão das canetas.

De fato, a demonstração de que o agente agiu com o intuito claro de alcançar o resultado ilícito será um novo desafio para Administração Pública, pois, na maioria dos casos, o agente não é improbo e sim inábil e alegará a sua incompetência técnica ou falta de zelo como ensejador do dano, afastando a possibilidade de punição.

Vale mencionar que a imprudência desarrazoada ou a negligência clara e ilegal poderá ensejar sanções de improbidade, haja vista a exigência legal de dolo que futuramente poderá ser enquadrado num dolo eventual[51]. Esse dispositivo tende a aprimorar as condenações de improbidade administrativa, promovendo um incentivo à eficiencia do Ministério

[51] Dolo eventual é a modalidade em que o agente não quer o resultado, por ele previsto, mas assume o risco de produzi-lo. É possível a sua existência em decorrência do acolhimento pelo Código Penal da teoria do assentimento, na expressão "assumiu o risco de produzi-lo" (art. 18, I).

Público[52] e do Poder Judiciário em clara concordância com os principios da Constituição Brasileira.

Porquanto, o mero exercício da função ou desempenho de competências públicas, sem comprovação de ato doloso com fim ilícito, afasta a responsabilidade por ato de improbidade administrativa. Mais uma vez, a lei repete a fórmula do dispositivo anterior, com o intuito de acabar com as injustiças cometidas nas punições pela prática dos atos de improbidade.

Vale sempre mencionar que as condutas culposas poderão ensejar sanções administrativas, como, por exemplo, a pena de demissão, mediante a propositura de processo administrativo disciplinar nos moldes determinados pelo estatuto do servidor público, mas, estarão afastadas as penalidades de natureza civil pela prática de atos de improbidade, haja vista a necessária comprovação de dolo como elemento subjetivo para a caracterização desse tipo de ilícito.

Outro ponto adicionado a LIA, é que se aplicam ao sistema da improbidade os princípios constitucionais do direito administrativo sancionador. Os princípios diretamente ligados ao direito sancionador, mais especificamente os princípios do devido processo legal, contraditório, ampla defesa, proporcionalidade e motivação, agora devem ser utilizados na aplicação da LIA.

Por fim, é de se observar que no Brasil, a Constituição Federal de 1988 cuidou em prever a necessidade de criação de um microssistema de combate à improbidade[53], o qual pode ser exemplificado pela previsão contida em seu art. 37, §4º[54], e depois pela própria Lei 8.429/1992. Sendo assim,

52 A eficiência aqui entendida é em relação ao fato do Ministério Público ter que direcionar melhor os seus recursos para suas investigações, pois antes da mudança legislativa, ocorria uma ilusão de resultados, conforme vamos verificar mais a frente. Ao diminuir o espectro de atuação legal, garantindo os direitos dos agentes públicos, o MP se ver obrigado a melhorar sua pontaria para que suas persecuções gerem resultados de fato.

53 GARCIA, Emerson; ALVES, Rogério Pacheco. **Improbidade administrativa**. 7. ed. rev., atual. e amp. São Paulo: Saraiva, 2013, p. 279.

54 "Art.37. A administração pública direta e indireta de qualquer dos Poderes da União, dos Estados, do Distrito Federal e dos Municípios obedecerá aos princípios de legalidade, impessoalidade, moralidade, publicidade e eficiência e, também, ao seguinte: (Redação dada pela Emenda Constitucional nº 19, de 1998) (...) § 4º Os atos de improbidade administrativa importarão a suspensão dos direitos políticos, a perda da função pública, a indisponibilidade dos bens e o ressarcimento ao erário, na forma e gradação previstas em lei, sem prejuízo da ação penal cabível." BRASIL. Constituição 1988. **Constituição da República Federativa do**

foi valioso, nesse momento, se estabelecer um conceito de improbidade administrativa, sendo preciso, antes, ter perpassado pelo conceito de probidade, sem vinculá-lo exclusivamente à moralidade.

Partindo desta concepção de boa gestão administrativa, a qual, para sua caracterização é necessário, conjuntamente, a satisfação do interesse público e a observância de todas as normas jurídicas que regulam a atividade que tende a efetivá-las, em que a junção de ambas permite o alcance de uma unidade de sentido que é justamente a probidade administrativa. Nesse sentido lógico, a improbidade seria desconsiderar a satisfação do interesse público e a observância das normas jurídicas.

E a LIA prestigia a proteção ao patrimônio público e a punição do agente público, prevendo e combatendo os atos de improbidade que importam em enriquecimento ilícito (art. 9º) e que causam prejuízo ao erário (art.10) com as sanções respectivas (art. 12, I e II). Além disso, a lei mencionada ainda valoriza o caráter normativo dos princípios, ao prever como atos de improbidade administrativa aqueles que atentam contra os princípios da Administração Pública (art.11), instituindo também sanções para os agentes que os menosprezarem (art.12, III).

Para se analisar a aplicação prática das sanções estabelecidas na Lei de Improbidade Administrativa, inicialmente, é importante mencionar que o Poder Judiciário tentava estimular a dissuasão do agente público ao cometimento do ato de improbidade considerando que não era necessário o dolo específico para a aplicação da LIA, bastando tão somente a atitude culposa do agente público, causando sérios problemas que serão melhores expostos a seguir.

1.2. Os Principais problemas na aplicação na LIA antes da alteração de Outubro de 2021

A doutrina[55] sobre a improbidade administrativa tende a valorizar os tipos abertos da LIA. Afinal, a antiga conformação da Lei 8.429/92 possibilitava

Brasil de 1988. Brasília, DF: Presidência da República. Disponível em: http://www.planalto.gov.br/ccivil_03/constituicao/constituicao.htm . Acesso em: 27 jun. 2021.

[55] A doutrina a qual nos referimos aqui é a produzida e defendida pelo Ministério Público sobre o tema da Improbidade Administrativa. Referida produção doutrinária tende a ser a mais a dura possível e sua premissa hermenêutica é ampliar ao máximo os tipos e a incidência das sanções por improbidade. Isto decorre do fato do MP capitanear quase a totalidade das ações de improbidade administrativas do país. Este trabalho se fia em outra premissa

ao Ministério Público mover inúmeras ações de improbidade, destacando e promovendo sua atuação institucional.

Os agentes públicos, ao terem seus atos administrativos escrutinados sob as lentes de aumento da LIA, têm alta probabilidade de ter descumprido alguma norma. O perigo disso é que basta que se queira escolher alguém para se acusar de improbidade que certamente se encontrará um possível culpado.[56]

Se analisarmos os artigos 9º, 10, 10-A e 11 da Lei 8.429/92 veremos que qualquer administrador público que ordene despesa pública, por mais probos que queiram ser, dificilmente irão escapar de serem acusados pelo cometimento de condutas ímprobas, pois os tipos da LIA enquadravam-se na categoria de textura aberta[57], que mesmo para certas infrações administrativas disciplinares mostram-se inadequadas ao direito administrativo sancionador.

Se isto se aplica para infrações administrativas menos graves, com muito mais razão há de aplicar-se para ilícitos de maior gravidade que demandam exata correlação entre conduta e respectiva sanção. Para esta natureza de processo o mais adequado é a tipicidade específica, que possibilite a precisa subsunção da conduta ao tipo.

Se começarmos a analisar as hipóteses de atos que importem enriquecimento ilícito (art. 9º), veremos que tanto seu caput como os referidos incisos estabelecem hipóteses de incidência bastante amplas, nas quais seria possível enquadrar as mais diversas condutas.

hermenêutica que pede maior restrição a incidência da LIA. Entre William Blackstone (lei como escudo contra arbítrios do Estado) e Jeremy Benthan (sacrifício de direitos individuais em nome de um "bem maior"), ficamos com o primeiro. ROBERTS, Paul. Craig; STRATTON, Lawrence. M. **The tyranny of good intentions: how prosecutors and law enforcement are trampling the constitution in the name of justice**. New York: Three Rivers Press, 2000.

[56] Ibid.

[57] As possibilidades de combinações na aplicação da penas de improbidade são bem denunciadas por Marcelo Harger, que apresenta análise combinatória das penas previstas no art. 12 da LIA, que segundo seu levantamento matemático permite ao juiz escolher a aplicar penas que superam a casa dos trilhões dentre as combinações possíveis. HARGER, Marcelo. **Improbidade administrativa: comentários à Lei nº 8.429/92**. Coleção direito administrativo positivo; v. 7/ Irene Patrícia Nohara, Marco Antonio Praxedes de Moraes Filho, coordenadores. São Paulo: Atlas, 2015. p. 56-60.

O caput do artigo 09º tem ainda por premissa a efetiva vantagem patrimonial, devendo ainda ser ilícita, posto que se estabelecida em norma, referida vantagem não há que falar-se em improbidade. Igualmente deve exigir-se conduta dolosa do agente para que possa incidir as sanções por improbidade.

Os tipos do art. 10 e incisos igualmente comportam ampla abertura, especialmente a que talvez seja a mais ingrata tarefa do gestor público: deflagrar ou homologar licitações. O art. 10, VIII, da LIA era pródigo a amparar condenações por improbidade. Referido dispositivo indicava como ato que causa lesão ao erário: "Art. 10 (...) VIII – frustrar a licitude de processo licitatório ou de processo seletivo para celebração de parcerias com entidades sem fins lucrativos, ou dispensá-los indevidamente". Evidente que a frustação da licitude acima estampada nem sempre (ou mesmo de regra) era improbidade. Dada a complexidade dos processos licitatórios e das inúmeras dúvidas que o tema suscita entre seus maiores estudiosos, a novel legislação manteve a redação do presente inciso acrescentando uma pequena alteração, crucial para o gestor público: "*acarretando perda patrimonial efetiva*".

Sanando o enunciado do art. 10, VIII, da LIA, a equivocada interpretação que o mero descumprimento ou inobservância das normas jurídicas já seria improbidade, mesmo que ela não tenha gerado nenhum dano patrimonial efetivamente a Administração Pública.

O art. 11 era o principal foco de problemas da LIA. Em face da sua ampla abertura semântica por implicar improbidade por violação a princípios, por vezes ensejando condenações desconectadas de violação de uma regra objetiva e, não raro, com consequências financeiras mais gravosas que incorrer em enriquecimento ilícito ou dano ao erário, pois valor da multa podia chegar a 100 vezes a remuneração do agente. Cerca de 46,5% das condenações por improbidade envolvem ofensa a princípios da Administração Pública.[58]**19** Sendo assim, sua alteração foi muito

[58] Os dados divulgados do IDP acerca da pesquisa coordenada por Rafael Araripe Carneiro revelam que a maior quantidade de ações de improbidade contra prefeitos envolve os princípios da administração pública (46,5%), enquanto que os casos de enriquecimento ilícitos representam apenas 8,8%. A pesquisa ainda preliminar aponrta ainda que 21,6% das ações de improbidade contra prefeitos envolvem menos de dez mil reais e 22% encontram-se na faixa de dez a cinquenta mil reais. A pesquisa indica também que 42% dos processos chegaram aos Tribunais Superiores tiveram os julgamentos modificados e que 72% dos

bem-vinda, pois uma pequena modificação mudou o rol de principios de exemplificativo para taxativo, acabando com as interpretações abertas do MP contra os agentes públicos.

Cabe mencionar ainda a independência e autonomia dos tipos de improbidade. As quatro categorias visam ainda tutelar: i) a honestidade funcional (art. 9º da LIA); ii) o zelo na gestão patrimonial do Estado (art. 10 da LIA); e iii) a tutela dos deveres de honestidade, imparcialidade, legalidade e lealdade às instituições (art. 11 da LIA).

Bem se percebe que, por tratarem de bens diversos protegidos pela Lei 8.429/92, a incidência em uma das hipóteses acima não leva, automaticamente, na incidência das demais. Afinal, o agente pode enriquecer ilicitamente, mas não necessariamente causar dano ao erário. Noutro vértice, o agente pode causar dano ao erário, mas não enriquecer ilicitamente.[59]

Um dos mais graves problemas da Lei 8.429/92 que trata o cerne deste trabalho era permitir a hipótese de improbidade culposa. Ao debater o conceito jurídico de improbidade vimos que é absolutamente incompatível no binômio improbidade/desonestidade a ocorrência da modalidade culposa, pois como é possível alguém que seja desonesto por acidente, sem desejar sê-lo. Entretanto, o tema gerou controvérsias na doutrina e na jurisprudência.

As condutas culposas praticadas por agentes públicos que levem ao dano ao erário e desde que não incida alguma excludente de responsabilidade, podem e devem ser objeto de ressarcimento civil ou administrativo. O que nos parece demasiadamente preocupante é que os comportamentos culposos, apesar de indenizáveis, não podiam ser objeto de ações de improbidade.

prefeitos ouvidos afirmam que as ações de improbidade impactam em graus alto ou médio a implementação de políticas públicas municipais. **IDP recebe a visita de especialistas em improbidade administrativa.** Disponível em: https://www.idp.edu.br/idp-recebe-a-visita-de-especialistas-em-improbidade-administrativa/. Acesso em: 12 set. 2021.

[59] HACHEM, Daniel Wunder; FARIA, Luzardo. **Improbidade administrativa, inelegibilidade e aplicação do art. 1, I, "L" da Lei Complementar n. 64/1990 pela Justiça Eleitoral.** In: FUX, Luiz; PEREIRA, Luiz Fernando Casagrande; AGRA, Walber de Moura (org.); PECCININ, Luiz Eduardo (coord.). Elegibilidade e Inelegibilidades. Belo Horizonte: Fórum, 2018. p. 432.

Nesta senda, é evidente o descompasso da antiga Lei 8.429/92 com o texto constitucional (art. 37, § 4º, da CR), pois a norma infralegal neste caso ampliou o conceito de improbidade para condutas praticadas sem desonestidade e sim condutas que poderiam ser somente ineficientes. O intuito da lei não deveria ser punir o gestor que erra e sim o gestor que comete a improbidade. Ao ampliar a improbidade para condutas culposas, quer por culpa leve, quer por culpa grave se faz uma gradação da improbidade desnaturando seu conceito jurídico-constitucional central. Como até o momento da novel lei, os tribunais tinham que lidar com a modalidade culposa do caput do art. 10, as perplexidades que a modalidade culposa gerou na aplicação da LIA fez com que a jurisprudência procurasse contornar referida inconstitucionalidade exigindo que apenas se possa punir por improbidade se estiver presente a má-fé ou outras categorias, como erro grosseiro, que em última análise visam reduzir o raio de atuação da LIA, deixando-a menos flexível. De toda sorte, importante não confundir a responsabilização civil dos agentes públicos quando agem culposamente, ainda que por culpa grave ou erro grosseiro (art. 28 da Lei 4.657/42 – LINDB, com a novel redação da Lei 13.655/18 e art. 12 e parágrafos do Decreto 9.830/2019), com os atos de improbidade. Afinal, a responsabilização por danos meramente civis, causados pelo agente público, nem sempre constituirá improbidade administrativa.

Não obstante a possibilidade de ações civis de rito ordinário visando ressarcir danos culposos, quase se desconhece do seu manejo pelo Ministério Público. Em regra, qualquer cobrança de danos por modalidade culposa, será veiculada pelo Ministério Público via ações de improbidade. Independentemente da discussão da possibilidade de ação de improbidade para condutas culposas, o fato é que tal predileção se devia pelo amplo leque punitivo das ações de improbidade do que o mero ressarcimento civil nas ações cíveis.

Assim, como houve a alteração legislativa que sanou este problema, as sanções atualmente exigirão rigoroso atendimento ao princípio da tipicidade, pois foi excluída a problemática incidência da LIA sobre os agentes públicos.

Isso evitará a continuação da jurisprudência para caracterização da improbidade vigente, que mesmo a considerando culposa, para clara ocorrência de má-fé ou erro grosseiro, ainda assim tem dava azo a inúmeras condenações por improbidade justamente por serem conceitos jurídicos indeterminados.

É grande o risco em reconhecer-se a má-fé ou o erro grosseiro com certa facilidade. Mesmo que a LIA fosse objeto de projeto de lei visando extirpar-lhe a inconstitucional modalidade culposa, os partidários da doutrina já passariam a reconhecer a ocorrência de dolo eventual ou mesmo de dolo, mesmo quando não estejam presentes.

Outro ponto, era a aplicação das sanções previstas no art. 12 da Lei de Improbidade Administrativa que eram muito amplas, exigindo do intérprete autocontenção e observância ao princípio da proporcionalidade. Com efeito, a aplicação das máximas parciais da adequação, necessidade e proporcionalidade em sentido estrito, são fundamentais para minimizar a amplitude e os excessos punitivos nesta matéria.[60] A Lei 14.230/2021 acaba com a pena mínima de suspensão dos direitos políticos, que hoje é de 8 anos, e aumenta a pena máxima, que passa a ser de 14 anos; estabelece ainda pena maior para o enriquecimento ilícito. (art. 12, I, II). E ainda podemos registrar a introdução da prescrição intercorrente (art. 23, § 8º), a conversão da lista dos atos de improbidade de exemplificativa em taxativa no texto da lei (art. 11, caput) e finalmente, a limitação de prazos para ressarcimento aos cofres públicos, restrição ausente no projeto original,

[60] Assim, aqui cabem o afirmado pelo Ministro Alexandre de Moraes: "De maneira mais detalhada atendendo a preceito constitucional, o art. 12 prevê a gradação das diversas sanções constitucionalmente admitidas para o ato de improbidade administrativa, independentemente das sanções penais, civis e administrativas, previstas na legislação especifíca. Sanções essas, declaradas constitucionais pelo Supremo Tribunal Federal, que afirmou: 'As sanções civis impostas pelo artigo 11 da Lei n. 8492/92 aos atos de improbidade administrativa estão em sintonia com os princípios constitucionais que regem a Administração Pública (RE 598.588-Agr, Rel. Min. Eros Grau Julgamento em 2-2-10, 2ª turma, DJW de 26-2-10) Observe-se, porém, que na fixação das sanções por ato de improbidade administrativa, o juiz deverá, obrigatoriamente, levar em conta a extensão do dano causado, assim como o proveito patrimonial obtido pelo agente. O rol de sanções previstas no art. 12 da lei, como já sustentado doutrinamente, desde a primeira edição de nossa Constituição do Brasil Interpretada e Legislação Constitucional (São Paulo: Atlas, 2002), não deverá ser, obrigatoriamente, aplicado de forma cumulativa, ou seja, o Poder Judiciário não estará vinculado, abstratamente, à aplicação de todas as sanções em todas as hipóteses de ato de improbidade administrativa, pois, em virtude do princípio." MORAES, Alexandre. **Combate à improbidade administrativa e respeito aos princípios constitucionais.** Revista Jurídica da Universidade de Santiago. Assomada: Universidade de Santiago, n. 2, jan./dez. 2014. p. 13-14.

que previa a imprescritibilidade de ressarcimento do dano ao patrimônio público.

A verdade é que a péssima redação da LIA não fazia adequada correlação entre os seus tipos e respectiva dosimetria das suas sanções, deixando nas mãos do intérprete a tarefa de fixar as penas a serem aplicadas, de regra gerando problemas quanto à segurança jurídica e acerca da sua constitucionalidade, por violação ao princípio da tipicidade, em face da ausência de correlação entre os tipos dos artigos 9º, 10 e 11 e a incidência de sanção específica e correlata a estes dispositivos.

Nesse ponto, outra das disfunções da LIA que, infelizmente se manteve na nova redação da lei, é que por vezes a violação a princípios da Administração Pública pode ser muito mais dura que o enriquecimento ilícito ou o dano ao erário. É que na hipótese de condenação por improbidade com fulcro no art. 11, entre as penas está a multa civil multa que pode chegar a cem vezes a remuneração do agente.

Na hipótese do art. 9º da LIA que trata do enriquecimento ilícito, além do ressarcimento integral do dano, a multa não passa de três vezes o valor do acréscimo patrimonial. Já no caso do art. 10 da LIA lesão ao erário, além do ressarcimento do dano, a multa não pode ultrapassar duas vezes seu valor. Em ambas as situações, a depender dos valores objeto da ação de improbidade, o valor da multa nos dois artigos citados pode ficar muito aquém da condenação do art. 11, cuja gravidade é muito menor, mas que, contraditoriamente, pode gerar condenação muito mais substanciosa.

Isto evidencia a dificuldade em estabelecer com observância na proporcionalidade a incidência das respectivas sanções. Mas não é apenas isto. A incidência de sanções administrativas deve evitar como corolário da proporcionalidade a proibição de excesso, afinal, trata-se da incidência de pesadas sanções com reflexos ao patrimônio dos acusados e sanções aos direitos políticos fundamentais, além das proibições de contratação com o Poder Público ou receber incentivos creditícios ou fiscais.

Nessa linha, o Direito Administrativo sancionador apresenta a necessária proteção dos direitos fundamentais afetados pela incidência de quaisquer tipos de sanção. Independentemente da discussão acerca da natureza jurídica das ações de improbidade, o fato é que há uma pluralidade de sanções que exorbitam as meramente civis, aproximando-as dos arquétipos do Direito Penal. Como assevera Fábio Medina Osório:

"Não se trata de reduzir as fontes do direito administrativo sancionador ao direito penal, como se ostentasse alguma espécie de superioridade normativa. Trata-se apenas de perceber a superioridade teórica da dogmática penal, que pode servir de inspiração garantista na seara do direito administrativo punitivo, eis que ambas constituem projeções do direito punitivo público, carecendo de limites e contornos básicos comuns".[61]

Um dos equívocos em admitir-se a natureza exclusivamente cível das ações de improbidade, está em excluir o depoimento dos acusados de improbidade, por vezes sequer tomados em juízo, eis que o Código de Processo Civil prevê no artigo 385[62] que cabe a parte requerer o depoimento pessoal da outra. Embora o processo de improbidade não seja penal, com ele guarda estreita similaridade devido ao seu caráter punitivo.[63]

Porquanto, se no âmbito de processo administrativo disciplinar não se pode processar o servidor sem ouvi-lo previamente, sob pena de nulidade por cerceamento defesa, como admitir possa isto ser feito num processo que pode cercear tantos direitos.

O processo por improbidade administrativa aplica penas, e que por vezes são tão ou mais graves que a restrição da liberdade ou a restrição de direitos no processo penal, por isso deveria se ouvir a versão do acusado, de viva voz, de forma pessoal e direta, sob pena de inconvencionalidade.[64]

[61] OSÓRIO, Fábio Medina. **Teoria da improbidade administrativa: má gestão pública, corrupção e ineficiência**. 3 ed. rev. e atual. São Paulo: Revista dos Tribunais, 2013. p. 241.

[62] Art. 385 - Cabe à parte requerer o depoimento pessoal da outra parte, a fim de que esta seja interrogada na audiência de instrução e julgamento, sem prejuízo do poder do juiz de ordená-lo de ofício.

§ 1º - Se a parte, pessoalmente intimada para prestar depoimento pessoal e advertida da pena de confesso, não comparecer ou, comparecendo, se recusar a depor, o juiz aplicar-lhe-á a pena.

§ 2º - É vedado a quem ainda não depôs assistir ao interrogatório da outra parte.

§ 3º - O depoimento pessoal da parte que residir em comarca, seção ou subseção judiciária diversa daquela onde tramita o processo poderá ser colhido por meio de videoconferência ou outro recurso tecnológico de transmissão de sons e imagens em tempo real, o que poderá ocorrer, inclusive, durante a realização da audiência de instrução e julgamento.

[63] ZARDO, Francisco A. **Infrações e sanções em licitações e contratos administrativos: com as alterações da lei anticorrupção (Lei 12.846/2013)**. São Paulo: Revista dos Tribunais, 2014. p. 39.

[64] Segundo Norberto Avena: "O direito de ser ouvido para o processo criminal tem extensão que não pode ser desprezada nos processos de improbidade, devendo receber o mesmo

Já houve algum avanço pois o pedido cautelar preparatório ou incidental de indisponibilidade de bens pode ser "concedido independentemente da demonstração de perigo de dano ou de risco ao resultado útil do processo, desde que o juiz se convença da probabilidade da ocorrência dos atos descritos na petição inicial à luz dos seus respectivos elementos de instrução, após a oitiva do réu em 5 (cinco) dias." inclui-se, assim, a ideia do necessário contraditório, mantendose a possibilidade de cautela nos termos da jurisprudência da consolidada no Superior Tribunal de Justiça. Isso sem prejuízo de a cautela ser concedida *inaudita altera pars*, quando a medida for necessária por receio de frustração da indisponibilidade.

1.3. A teoria econômica aplicada à improbridade administrativa

Entendido os aspectos legais da improbidade administrativa, cabe agora encaminhar nossos olhos para a teoria econômica. Para começarmos cabe a explanação que, no século passado, nos Estados Unidos da América, surgiu o Realismo Jurídico, que, conforme Gico[65] "resultou em um clamor pela interdisciplinaridade com as demais ciências para aproximar direito da realidade social, afastando-se de seu formalismo estéril". Assim, o Realismo Jurídico influenciou o surgimento de movimentos intelectuais que propõem a utilização do pensamento jurídico associado a interdisciplinaridade.

A partir disso, de acordo com Alvarez[66], destacam-se três movimentos: o *Law and Economics* ou Análise Econômica do Direito (AED), em que o

tratamento do processo que aplica penas de liberdade ambulatória ao processo que aplica penas políticas: 'O interrogatório consiste no ato por meio o qual procede o magistrado à oitiva do réu. Corolário da ampla defesa e do contraditório, sua oportunidade está prevista em todos os procedimentos criminais (...)" "Obrigatoriedade: tratando-se da oportunidade de que dispõe o réu de informar ao juízo sua versão quanto aos fatos, em verdadeiro exercício de autodefesa, o aprazamento do interrogatório do réu no curso do processo penal é imprescindível, sob pena de nulidade processual (art. 564, III, e, do CPP). (...) seu interrogatório faz parte da essência do processo, importando em nulidade a sua ausência." "(...) consolidou-se o entendimento de que o interrogatório, embora não tenha perdido sua natureza de meio de prova (...) assume, predominantemente, a condição de meio de defesa (...)" AVENA, Norberto Cláudio Pâncaro. **Processo penal esquematizado**. São Paulo: Método, 2010. p. 554.

65 GICO JUNIOR, Ivo Teixeira. **Metodologia e epistemologia da análise econômica do direito**. Brasília: Economic Analysis of Law Review, 2010. V. 1, nº 1, Jan-Jun, 2010 p. 12.

66 ALVAREZ, Alejandro Bugallo. **Análise econômica do direito: contribuições e desmistificações. Direito, Estado e Sociedade**, n.9, v. 9, pp. 49-68, jul./dez. 2006, p. 49-50.

direito é analisado sob a perspectiva econômica; o *Critical Legal Studies* (CLS) ou Escola Crítica do Direito, com a análise do direito sob a perspectiva política; e as teorias denominadas "*rights-based*", que incorporam contribuições provenientes das teorias desenvolvidas por Rawls, Nozick e Dworkin, no âmbito da filosofia moral e da política.

Nesse sentido, como exemplo dessa interação do Direito com outra ciência, tem-se o movimento contemporâneo da Análise Econômica do Direito – AED, que propõe a integração entre Direito e Economia, em uma forma mútua de empréstimo de teorias e conceitos. O Direito, com a sua normatividade, e a Economia, cujo objeto abrange toda forma de comportamento humano que requer uma tomada de decisão[67], se entrelaçam, surgindo os juseconomistas – estudiosos da AED.

Com os ensinamentos de Richard Posner[68], tido como o precursor do *Law and Economics* com o seu trabalho *Economic Analysis of Law*, "a tarefa da economia, assim definindo, é de explorar as implicações de assumir que o homem é um maximizador racional de seus objetivos da vida, suas satisfações, o que devemos chamar de seus "interesses próprios"".

A partir desse prisma, a Economia proporciona uma teoria científica comportamental que ajuda a prognosticar os impactos que as sanções legais podem ter sobre o comportamento humano, e, assim, como as pessoas reagem às leis. Além disso, conforme Cooter e Ulen[69], "a economia proporciona um padrão normativo útil para avaliar o Direito e as políticas públicas, por entender que as leis não são apenas argumentos arcanos técnicos, mas também instrumentos para atingir objetivos sociais importantes".

Nesse momento, é necessário pontuar a percepção de Gico[70] de que a AED se preocupa de forma satisfatória com as reais consequências de determinada lei ou decisão judicial, tendo-se epistemologicamente

Disponível em http://direitoestadosociedade.jur.puc-rio.br/media/Bugallo_n29.pdf. Acesso em 15 out. 2021.

[67] GICO, op. cit. p. 17.

[68] "*The task of economics, so defined, is to explore the implications of assuming that man is a rational maximizer of his ends in life, his satisfaction, what we shall call his "self-interest"*". POSNER, Richard A. **Economic Analysis of Law**. 7. ed. New York: Aspen Publishers, 2007. p. 3.

[69] COOTER, Robert; ULEN, Thomas. **Direito & Economia**. 5. ed. Porto Alegre: Bookman, 2010, p. 25-26.

[70] GICO, op. cit., p. 15.

relegado a segundo plano ou para outros ramos do conhecimento humano com os quais o direito tradicionalmente não dialoga os instrumentos analíticos capazes de auxiliar o intérprete a identificar, prever e mensurar tais consequências no mundo real.

Diante disso e da necessidade de uma teoria do comportamento humano, a Análise Econômica do Direito mostra-se como ferramenta imprescindível, pois seu propósito é justamente o de compreender os fenômenos sociais e auxiliar, com seus métodos analíticos, na adoção de decisões jurídicas de forma racional.

Segundo Cooter e Ulen [71], o marco teórico do estudo interdisciplinar entre essas ciências é representado, nos Estados Unidos, pelos seguintes trabalhos pioneiros: "*The Problem of Social Cost*",[72] de Ronald Coase (Universiade de Chicago, 1960); "*Some Thoughts on Risk Distribuitio and teh Law of Torts*[73], de Guido Calabresi (Universaidade de Yale, 1961); e "*Crime and Punishment: An Economic Approach*", de Gary Becker (Universidade de Chicago, 1968)[74]. Já o marco teórico principal da aceitação e da divulgação do movimento é representado pelo trabalho de Richard Posner, *Economics Analysis of Law*, em 1973, na Universidade de Chicago.

Importa destacar que, segundo Alvarez[75], em que pese existirem diferentes tendências e escolas sobre a Análise Econômica do Direito, esse movimento tem como característica comum a aplicação da teoria microeconômica neoclássica do bem-estar para analisar e reformular tanto as instituições particulares como o sistema jurídico em seu conjunto. Tal pensamento é corroborado com o de Coelho[76], ao sustentar parecer existir

[71] COOTER; ULEN, op. cit., p.17.

[72] "Tendo início nos trabalhos de Ronald H Coase, *The Problem of Social Cost* em que analisa o problema do custo social ou efeitos externos produzidos pelas atividades econômicas com críticas ao papel intervencionista do Estado e ênfase na inconsistência da economia de bem-estar". ALVAREZ, op. cit. p.52.

[73] Nesse estudo, sob a ótica da teoria econômica, examina-se a distribuição do risco como critério de imputação da responsabilidade que informa o direito de danos. PACHECO, Pedro Mercado. **El Análisis Económico del Derecho – una reconstrucción teórica**. Madrid: Cento de Estudios Constitucionales, 1994, p. 28-29.

[74] BECKER, Gary S. ***Crime and punishment: an economic approach***, in: Journal of Political Economy, 76 (2), 1968, pp. 169-217.

[75] ALVAREZ, op. cit. p. 53.

[76] Nesse estudo, a autora conclui que a microeconomia neoclássica é a teoria econômica central da Análise Econômica do Direito. COELHO, Cristiane de Oliveira. **A Análise**

um consenso na doutrina que considera a Universidade de Chicago como a legítima precursora do movimento, e a Economia Microeconômica Neoclássica como a teoria econômica que verdadeiramente permeia suas conclusões, muito embora apresentem-se um amplo número de subdivisões para a Escola da Análise Econômica do Direito

Dos Estados Unidos, o movimento se expandiu pelo mundo[77], e no Brasil ganhou visibilidade, sendo chamado ora de "Direito e Economia", ora de "Análise Econômica do Direito". Antes de se refletir sobre a aplicação prática que a AED tem sobre um instituto jurídico como a improbidade administrativa, é necessário pontuar conceitos neoclássicos presentes na Teoria Microeconômica que refletem o núcleo do movimento, a ser abordado nas seguintes seções.

Primeiramente, é preciso frisar que a metodologia da AED parte do pressuposto de que os recursos são escassos e as pessoas respondem a incentivos. O Direito, para os juseconomistas, é considerado enquanto um conjunto de regras que estabelecem custos e benefícios para os agentes que pautam seus comportamentos em função de tais incentivos[78].

Por meio dos conceitos abordados nesse tópico, as causas e consequências das regras jurídicas e de suas organizações são estudadas, com a finalidade de tentar prever o comportamento dos cidadãos e agentes públicos frente à norma, e como alterarão seu comportamento caso essa regra seja alterada[79]. Ocupa-se de juízos de diagnóstico (compreensão) e prognose (previsão).

Lançando-se mão das considerações de Ejan Mackaay[80], são proposições básicas da Análise Econômica do Direito as premissas do individualismo metodológico e das escolhas racionais. No que diz respeito

Econômica do Direito enquanto Ciência: uma explicação de seu êxito sob a perspectiva da História do Pensamento Econômico. *Berkeley Program in Law &Economics.* UC Berkeley: Berkeley Program in Law and Economics, 2007, p. 3. Disponível em: http://escholarship.org/uc/item/47q8s2nd Acesso em 30 out. 2021.

[77] SALAMA, Bruno Meyerhof. **O que é Direito e Economia?** Direito e Economia. Porto Alegre: Livraria do Advogado, 2008. p. 3. Disponível em: http://works.bepress.com/bruno_meyerhof_salama/16. Acesso em 30 out. 2021.

[78] GICO JUNIOR, op. cit. p. 21.

[79] Ibid., p.21.

[80] MACKAAY, E. **The History and Methodology of Law and Economics**. Encyclopedia of Law and Economics, Cheltenham, ano 2015, v. 1, 2000. p. 408.

ao individualismo metodológico, refere-se a necessidade de se estudar primeiramente as condutas dos indivíduos, para, tão somente depois se analisar os comportamentos coletivos. Isso significa que os fenômenos coletivos devem ser tidos como resultado da junção das escolhas individuais da coletividade. Nesse caso, as condutas são analisadas de forma que os agentes interagem, o que não significa analisar, de forma isolada, apenas a conduta de um agente. Destaque-se que o individualismo metodológico é um instrumento analítico que não conduz a consequências éticas, não se envolve com valores.

A ideia é que os indivíduos tomam decisões dentro de um contexto social, levando em consideração as possíveis posturas dos demais indivíduos, e dessa forma, é que se compreende o coletivo. O indivíduo age, e porque ele age, é o ponto de partida para se compreender o coletivo. Nesse raciocínio, Coelho[81] conclui que para a Análise Econômica do Direito, os efeitos de determinada norma sobre o bem-estar da coletividade não somente podem, mas também devem ser avaliados sob a perspectiva da soma das respostas individuais a tais normas, destacando que a própria escolha das normas aplicáveis a cada caso reflete decisões individuais, e não planos coletivos, uma vontade geral do povo ou leis da história.

Sobre as escolhas racionais, é preciso destacar que o norte da teoria microeconômica é considerar o homem como um ser que age de forma racional, e por esse motivo, tende a fazer a melhor escolha de seus interesses. Configura-se assim a chamada teoria da escolha racional. Trata-se de, incialmente, se considerar que cada pessoa possui gostos específicos, denominados de preferências pessoais, sem se levar em conta os valores atribuídos a cada uma delas.[82] Ato contínuo, a cada escolha o indivíduo atribui uma utilidade. Nessa perspectiva, faz-se necessário mencionar o conceito de maximização em Cooter e Ulen[83], que se traduz "na escolha da melhor alternativa que as restrições permitem".

[81] COELHO, Cristiane de Oliveira. **A Análise Econômica do Direito enquanto Ciência: uma explicação de seu êxito sob a perspectiva da História do Pensamento Econômico.** *Berkeley Program in Law &Economics.* UC Berkeley: Berkeley Program in Law and Economics, 2007, p. 9. Disponível em: http://escholarship.org/uc/item/47q8s2nd Acesso em 30 out. 2021.

[82] GICO JUNIOR, op. cit. p. 26.

[83] COOTER; ULEN, op. cit. p. 37.

Em outras palavras, Gico[84] define: "toda vez que tiver de escolher entre duas opções, o indivíduo escolherá aquela que mais lhe traz utilidade, isto é, os agentes são racionais maximizadores de utilidade". Dessa maneira, pode-se concluir que o indivíduo tende a escolher, de forma racional, o que melhor lhe satisfaz. O indivíduo, então, pondera como sua conduta vai determinar seu bem-estar, e, para esse fim, adapta sua decisão da forma que melhor lhe aprouver.

Cumpre esclarecer que a ideia em questão, apesar de sustentar que os indivíduos se comportam como se fossem racionais, não trata o indivíduo como efetivamente racional. "A teoria econômica não pressupõe que internamente cada agente esteja conscientemente realizando contas o tempo todo e ponderando custos e benefícios de cada ato de suas vidas, apenas que na média eles se comportam como se estivem".[85]

No estudo de Coelho[86] tem-se importante observação: Voltando-se puramente às questões de mercado, a ideia de que os indivíduos são maximizadores racionais implica que os agentes respondem a estímulos de preço de forma que, em geral, reduzam o consumo de determinado produto à medida que seus preços sobem. Já no contexto da Análise Econômica do Direito, faz-se um paralelo entre preços e normas jurídicas no sentido de que essas, assim como aqueles, atuam como estímulos à atividade dos indivíduos.

Gary Becker, em seus estudos, buscou demonstrar exatamente essa relação entre normas e condutas, aplicando, para tanto, as conclusões da Economia sobre preços e escolhas racionais. Depreende-se, dessa forma, que o Direito pega emprestado os estudos da teoria da escolha racional sobre o consumo e preços para compreender o comportamento humano quanto às normas jurídicas.

Nessa lógica, tem-se dentro da Microeconomia, também chamada de Teoria dos Preços[87], a Teoria da Escolha e da Demanda do

[84] GICO JUNIOR, op. cit., p. 26.

[85] Ibid., p. 27.

[86] COELHO, op. cit. p. 10.

[87] A teoria dos preços analisa a formação de preços no mercado, isto é, como a empresa e o consumidor se interagem e decidem o preço e a quantidade de um produto ou serviço. Estuda o funcionamento da oferta e da demanda (procura) na formação do preço. VASCONCELLOS, Marco Antonio Sandoval de; GARCIA, Manuel E. **Fundamentos de economia.** São Paulo: Saraiva, 2000. p. 30.

Consumidor[88], e a Teoria da Oferta[89]. A primeira se refere ao consumidor tender a maximizar a utilidade de suas preferências pessoais levando em conta os obstáculos a sua satisfação – principalmente a renda. Já a segunda concerne no produtor tender a maximizar o lucro.

A partir do encontro entre essas teorias, e entre o que o consumidor está disposto a pagar e o mínimo que o produtor está querendo receber pode-se chegar ao equilíbrio de mercado[90]. Vale a observação de que equilíbrio supracitado deve-se dar em um mercado perfeitamente competitivo, o qual é verificado quando existem diversas empresas e nenhuma delas, por meio de suas decisões individuais, é capaz de influenciar o preço do mercado, bem como existem diversos consumidores e, a partir de suas decisões individuais de maximização de utilidade, nenhum deles pode influenciar o preço do mercado[91].

Saliente-se que existem situações em que há poucos tomadores de decisões e a escolha de um indivíduo depende do que o outro escolher. Assim, age-se por estratégia, que é estudada por meio da Teoria dos Jogos. Para concluir os apontamentos sobre os conceitos clássicos do movimento AED, não se pode deixar de comentar sobre o conceito neoclássico de eficiência, o qual é decorrência lógica dos postulados do individualismo metodológico e da racionalidade maximizadora[92].

Existem várias definições distintas de eficiência, sendo relevante expor a de Vilfredo Pareto, a qual, de acordo com Cooter e Ulen[93], diz respeito à satisfação de preferências pessoais, configurando-se quando é impossível mudar a situação sem que se deixe ao menos uma pessoa em situação melhor sem deixar outra pessoa em situação pior. Pode-se dizer também, à vista disso e considerando que os recursos são escassos, que eficiência

[88] A Teoria do Consumidor, ou Teoria da Escolha, é uma teoria microeconômica, que busca descrever como os consumidores tomam decisões de compra e como eles enfrentam os *tradeoffs* e as mudanças em seu ambiente. Ibid. p. 31.

[89] A Teoria da Oferta ou Lei da Oferta explica que quanto maior for o preço de determinado produto, mais os vendedores estarão dispostos a vender seu produto, pois assim irão obter mais lucros. Por outro lado, quanto menor for o preço de determinado produto em um mercado, menos os vendedores estarão dispostos a ofertar esse produto. Ibid. p. 32.

[90] COOTER; ULEN, op. cit., p. 51.

[91] Ibid.

[92] COELHO, op. cit., p. 11.

[93] COOTER; ULEN, op. cit., p. 38.

é eliminar o desperdício. Em palavras sucintas, "eficiência diz respeito à maximização de ganhos e minimização de custos"[94].

Ocorre que o critério de Pareto restou limitado, uma vez que não analisava situações em que há concomitantemente perdas e ganhos. Para tentar suprir isso, os economistas Nicholas Kaldor e John Richard Hicks desenvolveram a melhoria potencial de Pareto, também chamada de eficiência de Kaldor-Hicks[95], que aprecia situações em que podem existir mudanças no bem-estar das pessoas, resultando em ganhadores e perdedores, mas que esses serão compensados (por exemplo, com uma indenização).

Portanto, percebe-se que a Análise Econômica do Direito permite a interação entre os ramos do Direito e da Economia, propondo a aplicação de uma teoria comportamental no sistema jurídico, com a finalidade de auxiliar no desenvolvimento da interpretação das normas jurídicas e juízos de diagnóstico (compreensão) e prognose (previsão), para assim propor melhor elaboração e implementação de políticas públicas que alcancem o bem-estar da população, e garantam o exercício de uma atividade jurídica eficiente.

94 SALAMA, op. cit. p.9.

95 Em razão da eficiência de Pareto não assumir situações de externalidades negativas, tal modelo acaba tendo limitações significativas em termos conceituais. Exemplificativamente, existem várias questões sobre políticas jurídicas nas quais a presença conceitual de externalidades é importante, tal como no caso clássico da poluição. Assim, se uma firma industrial poluir o ar ou a água, a sua ação poderá causar danos a terceiros, tal como em situações de externalidades. Caso uma pessoa sofra uma perda, quando passe de uma situação P para Q, então essa dinâmica não é considerada Paretoeficiente. Se a eficiência de Pareto fosse o único princípio normativo disponível na Teoria da Análise Econômica do Direito, a consequência seria que os economistas e juristas não teriam como considerar importantes questões, tal como aquelas analisadas na Análise Econômica do Direito Ambiental. É nesse sentido que se considera a eficiência em Kaldor-Hicks, como sendo uma implicação normativa da AED. A eficiência Kaldor-Hicks é amplamente aceita na teoria econômica, sendo também considerada pela Análise Econômica do Direito, principalmente quando se parte do pressuposto da teoria econômico-jurídica contemporânea de que os julgadores (juízes), implicitamente, a utiliza em decisões e/ou julgados específicos. Aliás, até mesmo Richard Posner, que baseou a sua eficiência econômica em fundações paretianas, defendia o uso de padrões Kaldor-Hicks em decisão de casos judiciais. COOTER; ULEN, op. cit. p. 64.

1.3.1. A teoria econômica do crime e das penas

O estudo "*Crime and Punishment: An Economic Approach*"[96], de Gary Becker, desenvolvido na Universidade de Chicago em 1968, além de ser um dos marcos teóricos do estudo interdisciplinar entre Direito e Economia, representa o início do uso da *teoria da escolha racional* aplicada a questões jurídicas relacionadas à criminalidade[97], e, assim, o surgimento dos trabalhos de uma corrente denominada de teoria econômica do crime.

Aplicam-se, nesse caso, a teoria das escolhas racionais e a maximização de utilidades: o agente, de forma racional, tende a analisar variáveis antes de decidir praticar uma conduta de acordo ou contra a lei.

Essas variáveis, que condicionam o comportamento do delinquente, de acordo com Cerqueira e Lobão[98] estão inseridas em dois vetores: de um lado, os fatores positivos (que levariam o indivíduo a escolher o mercado legal), como o salário, a dotação de recursos do indivíduo, etc.; de outro, os fatores negativos, ou dissuasórios (*deterrence*), como a eficiência do aparelho policial e a punição.

Assim, decidir cometer um crime envolve analisar sua utilidade: se for mais vantajoso do que trabalhar, por exemplo, a teoria mostra que o indivíduo possivelmente escolherá cometê-lo. Isso acontece porque o indivíduo maximiza a utilidade do crime, sopesando os custos, a expectativa de benefício que poderá auferir, o valor da punição, a probabilidade de ser pego e preso. Sem o intuito de esgotar a análise de toda a matéria compreendida na teoria em questão, é necessário pontuar a excelente abordagem de Cooter e Ulen[99], para os quais explicar a "teoria econômica do crime e das penas" é fundamental justificar a necessidade do direito penal quando comparado às ações civis, utilizando como exemplo a sanção de indenização na responsabilidade civil.

Para isso, é necessário esclarecer, a partir da interpretação da obra desses autores, o que significa internalização e dissuasão do crime.

A internalização do crime diz respeito ao custo que o agente causa a um terceiro em virtude do ato que cometeu. Este custo depende unicamente

[96] BECKER, op.cit. p. 169-217.

[97] GICO; ALENCAR, op.cit. p. 76-77.

[98] CERQUEIRA, D.; LOBÃO, W. **Determinantes da criminalidade: arcabouços teóricos e resultados empíricos**. Revista de Ciências Sociais, Rio e Janeiro, v. 47, n. 2, 2004, p. 247-248.

[99] COOTER; ULEN op. cit. p. 473.

do prejuízo causado pelo ato, e não diz respeito a responsabilização do agente por tê-lo realizado. Assim, o objetivo da pena é que o agente pague apenas pelo preço de sua ação. Nessa linha, Cooter e Ulen[100] expõem que uma indenização cível é perfeita quando as vítimas são indiferentes no tocante aos acidentes, no sentido de não identificarem diferença entre estarem presentes ou ausentes o conjunto lesão e indenização.

Dessa maneira, indenização perfeita é aquela que internaliza o prejuízo causado pelo autor da lesão. Aqui o agente paga um preço monetário correspondente exatamente ao prejuízo que causou. Por exemplo, alguém que quebrou a janela do vizinho (dano material) que custava o valor de R$100,00 (cem reais), pagará como pena o preço de R$100,00 (cem reais).

Contudo, existem casos em que essa indenização perfeita se mostra impossível, como por exemplo, quando alguém perde um braço ou um filho. Consequentemente, a internalização, nesses casos, é inviável. A internalização se mostra inviável também quando os indivíduos querem que a lei proteja seus direitos, em vez de seus interesses, ou quando os erros de execução prejudicam sistematicamente a responsabilidade civil.

Isso, na opinião dos autores, justifica a necessidade de se utilizar o direito penal como complemento a responsabilidade civil. Tem-se, então, a necessidade da dissuasão, a qual, por sua vez, se refere a impedir/evitar/desincentivar o ato, de forma que o objetivo da pena seja que o agente pague pelo prejuízo que causou com o ato e, também, se responsabilize por ter realizado aquele. [101]

Existe outro motivo para suplementar a responsabilidade civil com penas em algumas circunstâncias: as penas frequentemente são necessárias para fins de dissuasão. Imagine, por exemplo, que um ladrão está considerando se deve roubar um televisor de $1.000. Imagine que a probabilidade do ladrão ser preso e condenado é igual a 50%. Imagine também que o direito de propriedade responsabiliza o ladrão, mas que o direito penal não pode puni-lo. O custo esperado do roubo para o criminoso é igual à responsabilidade esperada: 0,5 ($1.000) = $500. O benefício para o ladrão é igual a $1.000. Assim, o benefício liquido para o ladrão é igual a $1.000 - $500 = $500.

100 COOTER; ULEN, Idem.

101 COOTER; ULEN, Ibidem, p. 474.

Nesse exemplo, a responsabilidade civil sem o uso das penas torna o roubo uma atividade lucrativa. Em geral, os ladrões não podem ser dissuadidos pela exigência de que devolvam a propriedade roubada sempre que forem pegos. Para dissuadi-los do crime, a lei deve impor penas severas o suficiente para que o benefício líquido esperado do crime para o criminoso seja negativo.

De acordo com a citação, para determinar o crime racional, expõe-se uma equação com a finalidade de medir o benefício líquido do agente formada por *b-c.p*, em que *b* é o benefício que o agente irá auferir com o ato; *c* é o custo esperado para o criminoso com a prática do ato; e *p* é probabilidade de o agente ser pego e condenado. Assim, para solucionar o exemplo supratranscrito, os autores defendem que a dissuasão do ladrão exige o retorno do televisor, ou seu valor de $1.000, somado a uma multa.[102]

Portanto, quando a internalização não for suficiente, Cooter e Ulen[103] pontuam que "o objetivo correto da lei deve ser a dissuasão, fazendo com que os agentes não estejam livres para pagar o preço por suas ações e agirem como bem entenderem. Em vez disso as penas são calibradas para dissuadir os agentes que preferem realizar o ato apesar do preço".

Ademais, eles apresentam uma teoria preditiva do comportamento criminoso, em que explicam o crime racional: como uma pessoa racional e amoral poderia decidir se deve ou não cometer um crime, respondendo às mudanças na probabilidade da pena, da severidade da pena e de oportunidades de cometimento de atos criminosos. Para isso, conceituam "pessoa racional e amoral" como "alguém que determina cuidadosamente os meios de se produzir fins criminosos sem ser limitado pela culpa ou por moralidade internalizada".[104]

Inicialmente, relacionam-se que os crimes podem ser ordenados por seriedade e as penas por severidade, e concluem que a pena se torna mais severa à medida que a seriedade do crime aumenta. A seriedade, nesse contexto, pode ser entendida como a gravidade do crime.

Exemplificando, se um agente é condenado pelo crime de apropriação indébita de R$ 2.000,00 (dois mil reais) e a sua pena é pagar uma multa correspondente a esse mesmo valor, então a severidade da pena é igual à

[102] Idem.

[103] Idem.

[104] Ibidem p. 475.

gravidade do crime, e a pena produz a chamada "restituição perfeita" o que pode não ser suficiente para dissuadir o agente, e pode tornar o crime compensador. Nesse caso, seria necessário uma "pena real", a qual excede a restituição perfeita, conforme gráfico abaixo:

Figura 02: A Severidade da pena como função da seriedade do delito[105]

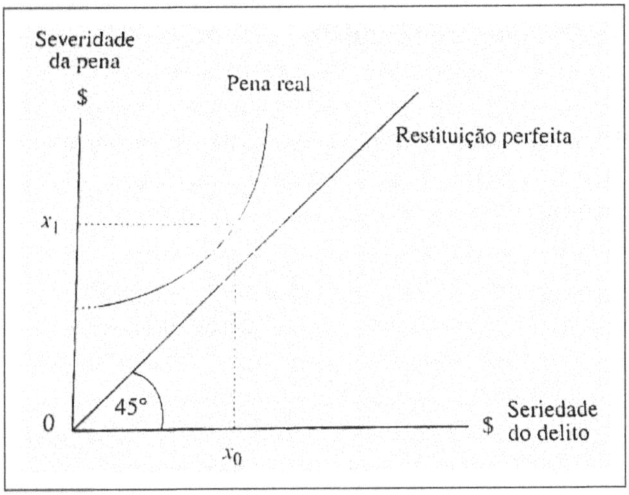

Acrescente-se que para os criminosos, as penas são probabilísticas, uma vez que conta-se também com a possibilidade de casos em que o criminoso não seja detectado ou apreendido, ou, mesmo que apreendido, não seja condenado. Nesse sentido, o agente racional, para decidir, enquanto completa ato criminoso, leva em conta a probabilidade da pena.

Com isso, permite-se chegar à conclusão de que crimes mais graves exigem uma atividade investigativa mais presente e aprimorada, então a probabilidade da pena geralmente aumenta com a seriedade do crime, e, além disso, a severidade da pena quase sempre aumenta com a seriedade do crime, motivo pelo qual o criminoso racional diminui a seriedade de seu crime para compensar o risco maior criado pelo aumento da escala das penas[106].

[105] Ibidem p. 476

[106] Ibidem p. 479.

Para exemplificar, em uma expectativa punitiva ideal, considerando a probabilidade de captura e condenação de um agente que praticou um roubo ser de 90% e que a pena pecuniária a ser aplicada seja de R$ 2.000,00 para o roubo de R$1.000,00, tem-se, que R$1.000,00 - R$ 2.000,00 x 0,9, o valor total de *-R$800,00.* Dessa forma, é perceptível que o crime não compensará, pois não é lucrativo, já que o benefício líquido esperado com o seu cometimento é negativo, ou seja, prejudicial, razão pela qual se verifica presente a dissuasão na sanção penal. Assim demonstra-se com o seguinte gráfico:

Figura 03: A pena esperada e a decisão de cometer um crime.[107]

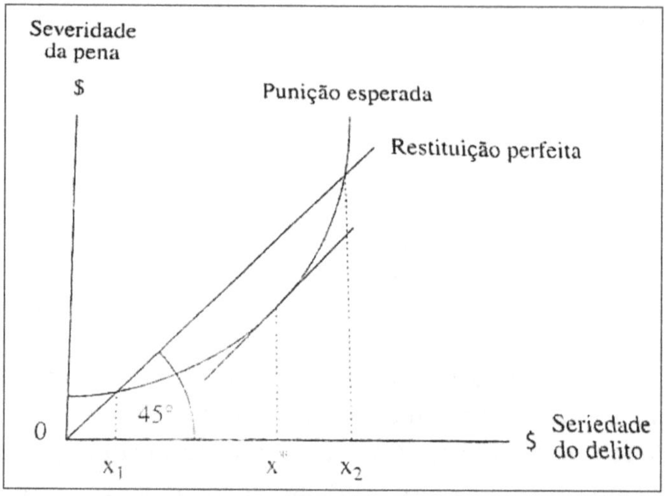

Contudo, por mais que na análise do crime racional se estude a sua qualidade (seriedade), é necessário se discutir também a quantidade de crime cometida pela sociedade, e para isso, Cooter e Ulen defendem a utilziação da "Primeira Lei da demanda": as pessoas procuram menos os bens quando seus preços aumentam, a qual, aplicando-se ao caso do crime racional, tem-se a "Primeira Lei da Dissuasão": as pessoas cometem menos um crime quando a pena esperada aumenta. É preciso ressaltar que certos

[107] Ibidem p. 478.

crimes serão cometidos independentemente se as suas punições forem severas.

Em que pese a abrangência da Teoria Econômica do Crime e das Penas envolver diversos temas, acredita-se que o exposto, por ora, seja suficiente para abordagem seguinte. Na seção a seguir, serão examinadas sob a ótica da Análise Econômica do Direito o comportamento racional e o processo de tomada de decisão do agente que comete a improbidade administrativa.

1.3.2. O comportamento racional e o processo de tomada de decisão do agente ímprobo

Definidas as bases teóricas de como identificar a improbidade administrativa e apresentado os conceitos básicos da AED, é necessária a análise do processo de tomada de decisão do agente ímprobo, sob uma perspectiva da teoria econômica do crime, em especial com a construção de uma base teórica fundada em ferramentas de microeconomia e de economia comportamental.

O princípio basilar da teoria é a conduta racional do indivíduo, considerando-se o agente criminoso como uma pessoa que busca a satisfação de suas preferências, reagindo a incentivos e desincentivos na seleção da conduta a ser adotada[108]. A partir do trabalho pioneiro de Gary Becker[109], que desenvolveu, extraordinariamente, a ideia de que, como nota Isaac Ehrlich[110], "os autores de delitos respondem a incentivos, quer positivos, quer negativos, e que o volume efectivo de delitos em relação à população é influenciado pela afectação de recursos públicos e privados à repressão penal [...] e a outros meios de prevenção criminal. [...]. Não é necessário que todos aqueles que cometem delitos específicos respondam a incentivos [...]; é suficiente que um número significativo de potenciais autores de delitos se comporte marginalmente de tal modo".

De acordo com esse modelo, a conduta ímproba entre qualquer outro empreendimento delituoso ou não, é entendida não mais como uma desvirtuação da moral do indivíduo, mas como uma análise de contexto da utilidade do retorno de uma determinada decisão do individuo.

108 EHRLICH, Isaac. **Tradução: Crime e punição**, Sub Judice, v. 2, 1992, p. 39.

109 BECKER, Gary S. "*Crime and punishment: an economic approach*", Journal of Political Economy, 1968, pp. 169-217.

110 EHRLICH, op. cit.

Assim como em qualquer atividade econômica, o agente racional é capaz de considerar os possíveis custos e benefícios esperados e suas respectivas probabilidades, de modo que, caso o ganho esperado em decorrência da ação delituosa seja superior aos eventuais prejuízos, o agente optará pela perpetração da ação delituosa[111]. Segundo Steven Levitt e Thomas Miles[112], há quatro características distintivas da Análise Econômica do Crime para o estudo do crime e das suas implicações, a saber:

i) Uma ênfase no papel que os incentivos têm ou podem ter no comportamento dos indivíduos (sejam criminosos, vítimas ou forças da ordem e autoridades judiciais), partindo do princípio de que todos estes têm como objetivo principal a maximização de utilidades dentro de um contexto limitativo que lhes é específico;
ii) O uso de instrumentos econométricos (ou seja, de ferramentas matemáticas e métodos estatísticos) por forma a distinguir casos de correlação de casos de causalidade, em especial quando o contexto de aplicação de potenciais medidas públicas de combate ao crime não é passível de experimentação;
iii) Uma ênfase em políticas públicas, e nas suas implicações, em detrimento da avaliação de intervenções de pequena escala;
iv) O uso da chamada análise custo-benefício (ACB) como principal medida de avaliação da eficácia de políticas públicas contra o crime.

Assim, começando a análise propriamente dita, considerando o crime, assim como a improbidade administrativa uma externalidade negativa, o Gary Becker configurou a sanção como uma adaptação da solução pigouviana[113], ou seja, a sanção pode ser entendida como uma taxa ou como um

[111] GHIGNONE, Luciano Taques. **Corrupção e eficiência administrativa: um exame à luz da análise econômica do direito.** Revista do Instituto de Direito Brasileiro, ano 2, n. 2, Lisboa, 2013, , p. 367-473.

[112] LEVITT, Steven D.; MILES, Thomas J. ***Economic contributions to the understanding of crime.*** Annual Review of Law and Social Science, v. 2, 2006, p. 148.

[113] A solução de Pigou, conhecido também como "Taxa Pigouviana" ou "Imposto Pigouviano", é uma taxa tributária que tem como objetivo principal a erradicação de externalidades negativas, ou seja, a eliminação de consequências desfavoráveis surgidas através da produção e/ou consumo de bens e serviços. É diferente do que se busca na maioria dos demais impostos,

preço a ser pago pela infração cometida; tendo que o preço seja igual ou superior aos "custos externos do crime" (danos diretos e indiretos resultantes do crime, ou custos de prevenção, julgamento e aprisionamento), principalmente se existir o risco de não captura ou de não condenação. Esta é, eminentemente, uma avaliação da sanção criminal numa perspectiva de eficiência, ou seja que tenta evitar ao máximo o desperdício de recursos, e no caso estudado, recursos públicos.

As sociedades admitem e defendem a existência de uma função punitiva do Direito, tanto por razões de prevenção quanto para controle

onde a arrecadação de recursos para o Estado fica em primeiro plano. O Imposto de Pigou recebe esse nome por ter sido primeiramente descrito por Arthur Cecil Pigou, economista inglês formado pela Universidade de Cambridge. Em geral, ele era considerado um notável desafiador das práticas vigentes na Economia da época e das tradições neoclássicas. O tributo que recebe o seu nome é a solução proposta pelas políticas públicas para diminuir impactos negativos na sociedade, em áreas como as de saúde e do meio ambiente, por exemplo. Pode ser direcionado tanto às indústrias (para aumentar os impostos sobre a produção e, assim, a diminuir) quanto aos produtos finais (na intenção de aumentar o custo ao consumidor e diminuir o consumo). O imposto pigouviano pode ser visto em nosso dia a dia facilmente. Imagine a seguinte situação: a capital paulista, uma das maiores capitais do país, apresenta índices absurdos quando se trata dos malefícios causados pela poluição gerada pelos automóveis. O Estado, portanto, pode implantar o Imposto de Pigou sobre as fábricas de automóveis e sobre o preço dos combustíveis. Ou seja, a elevação dos preços levaria ao controle sobre a produção de automóveis e circulação dos mesmos nas ruas, já que com esses bens mais caros, as pessoas tenderiam a comprar uma menor quantidade deles.
Diversas críticas e questionamentos são levantados sobre esse conceito. Uma delas refere-se ao comportamento do público, já que a sua aplicação pode simplesmente ser ignorada. Vê-se isso nos casos de consumo de drogas lícitas, como é o caso das bebidas alcoólicas, por exemplo. Ainda que a tributação sobre alguns produtos do tipo ultrapasse os 81%, o número de pessoas que bebem cresce a cada ano – totalizando quase 3 milhões de mortes por ano em decorrência do consumo. Outras críticas associadas ao Imposto de Pigou estão ligadas a possíveis falhas na sua implementação. São elas: O governo poderia usá-lo como argumento para a implantação equivocada de impostos abusivos, valendo-se de uma falsa promoção do bem-estar social; A dificuldade de se mensurar a causa dos prejuízos aos cidadãos, já que por vezes pode estar atrelado, por exemplo, a outros fatores (como o consumo de outros produtos ou condições naturais do ambiente em que vivem); A necessidade de custo recíproco, não direcionando a culpa pelas externalidades negativas ao produtor ou ao consumidor, mas sim apontando a responsabilidade a ambas as partes. ARTHMAR, Rogério. **Pigou e a revolução keynesiana**. Economia e Sociedade, Campinas, ano 2005, v. 14, n. 25, ed. 2, p. 193-213, 2005. Disponível em: https://www.eco.unicamp.br/images/arquivos/artigos/591/01_Arthmar.pdf. Acesso em: 14 abr. 2021.

social, criando a ilusão de que quanto mais altas as penas, mais alto a paz social. Fazendo com que muitas vezes o aparato judicial seja um dos que representem uma alta fatia do PIB nacional.[114]

Contudo, Steven Shavell[115] traz uma nova perspectiva sobre esta questão dizendo que a redução dos crimes para zero com recurso a sanções de valor exorbitante não ocorre dadas, entre muitas outras, as seguintes razões:

i) por haver informação imperfeita que pode alimentar expectativas puramente irracionais;
ii) porque é necessário estabelecer sanções "suaves" para certos crimes;
iii) porque há falhas na identificação, captura e julgamento de criminosos.

Com isso, também alerta George Stigler[116], que estabelecer penas severas para crimes triviais (por ex., a pena de morte para um crime de furto simples), significa aniquilar os incentivos para o bom ou menos mau comportamento por parte dos indivíduos pois, nessa circunstância, pareceria a estes que as "ofensas à sociedade" não tinham uma escala valorativa associada. Assim, no entender de Steven Shavell[117], a medida concreta das sanções criminais terá de passar pela fixação de valores elevados que,

[114] As despesas totais do Judiciário correspondem a 1,5% do Produto Interno Bruto (PIB) ou a 2,7% dos gastos totais da União, dos estados, do Distrito Federal e dos municípios. Desse total, 90,7% bancam as despesas com recursos humanos. ESTADÃO. **Desembolso com Judiciário chega a 2% do PIB no País.** 02/12/2018. Disponível em: https://politica.estadao.com.br/noticias/geral,desembolso-com-judiciario-chega-a-2-do-pib-no-pais,70002629765. Acesso em 05/04/2021.

[115] POLINSKY, A. Mitchell; SHAVELL, Steven. **The economic theory of public enforcement of law**. Journal of Economic Literature, Cambridge, v. 38, ed. 1, p. 45-76, 2000. Disponível em: https://www.nber.org/papers/w6993#:~:text=This%20article%20surveys%20the%20theory,sanction%20violators%20of%20legal%20rules. Acesso em: 14 abr. 2021.

[116] STIGLER, George J.; BECKER, Gary; LANDES, William M. **The optimum enforcement of laws.** Essays in the Economics of Crime and Punishment. New York, ano 1974, p. 55-67. Disponível em: https://www.nber.org/system/files/chapters/c3626/c3626.pdf. Acesso em: 15 maio 2021.

[117] POLINSKY; SHAVELL, op. cit.

naturalmente, excedam os referidos "custos externos do crime", mas não tão elevados ao ponto de os "custos sociais da sanção" (por ex., ao nível do impacto sobre os *standards* de atividade econômica) poderem vir a ser superiores aos "benefícios sociais" que decorrem da utilização da mesma (por ex., ao nível da prevenção de futuros crimes).

Logo, ao categorizar o administrador honesto, que descumpre a lei por inépcia ou venha causar algum dano no exercício das suas funções, como desonesto, acaba por atrair a atitude ímproba do agente público, pois ele será racionalmente a visualizar que somente com os benefícios oriundos deste delito, o cargo público se torna atraente, pois para o gestor honesto o cargo público trata-se de uma armadilha a sua carreira e bens. Conclui-se aqui que penas mais severas e sem seletividade podem influenciar o indivíduo de forma negativa a cometer mais delitos do que menos.

No entender de Gary Becker[118], uma externalidade só passa a ser considerada como sendo um "crime" para economia, quando não há montante que possa compensar o dano provocado, uma externalidade não transacionável.

Vale destacar o afirmado por Guido Calabresi e Douglas Melamed[119] que argumentam que a sociedade utiliza três tipos de regras para prevenir a ocorrência de danos por via de externalidades:

a) as "*property rules*" (ou "regras de propriedade"), que impõem que o externalizador "compre" o seu direito a realizar a externalidade;
b) as "*liability rules*" (ou "regras de responsabilidade"), que determinam que o externalizador é livre de realizar a externalidade desde que pague o que uma outra autoridade competente determine que deve ser a compensação a atribuir aos que tenham sido negativamente afectados; e
c) as "*inalienability rules*" (ou "regras de inalienabilidade"), que simplesmente proíbem a realização da atividade externalizadora, mesmo que os afetados estivessem dispostos a transacionar.

118 BECKER, op. cit.

119 CALABRESI, Guido; MELADE, Douglas. ***Property rules, liability rules, and inalienability: one view of the cathedral.*** Harvard Law Review, Cambridge, ano 1974, v. 6, ed. 85, p. 1092-1093, 1972. Disponível em: https://www.jstor.org/stable/1340059. Acesso em: 8 set. 2021.

A definição de crimes passaria, portanto, por procurar evitar que, por exemplo, um ladrão furte um relógio e depois pague apenas os respectivos danos, neste caso, a eventual falta de uma sanção criminal permitiria converter uma "regra de propriedade" numa "regra de responsabilidade", ou que um político pratique um ato de improbidade e depois pague apenas os danos decorrentes desse ato (neste caso, a eventual falta de uma sanção criminal permitiria a conversão de uma "regra de inalienabilidade" numa "regra de responsabilidade").

Por outras palavras, as sanções associadas aos vários tipos de delitos servem, para evitar que os agentes econômicos consigam converter "regras de propriedade" (ou "regras de inalienabilidade") em meras "regras de responsabilidade".

Para a modelagem da improbidade, os prejuízos esperados não são de natureza jurídica penal, podendo se traduzir em sanções administrativas, civis ou até mesmo morais. O importante é a mensurabilidade das perdas e suas probabilidades de ocorrência. Partindo desse embasamento teórico, é possível demonstrar graficamente essa relação, conforme a teoria já demonstrada por Cooter e Ulen[120].

As ações criminosas podem ser ordenadas por seriedade e os prejuízos por severidade, como se verifica na figura 1, de modo que a seriedade do crime está no eixo horizontal, ao passo que a severidade está expressa no eixo vertical. A curva de "punição esperada" mostra a severidade da sanção, em função da seriedade do delito e da chance de ser condenado. No caso da corrupção, essa medida de seriedade pode ser aferida pelo valor do benefício do agente corrupto (em unidades monetárias). Do mesmo modo, a severidade da sanção corresponde ao valor da perda financeira em caso de condenação (em unidades monetárias) Assim, quando a severidade da pena é igual à gravidade do crime, a pena produz uma "restituição perfeita", expressa pela linha de 45º da figura 2.

Como as sanções para agentes criminosos são probabilísticas, uma vez que os delitos não são detectados nem condenados em sua totalidade, ainda que identificados. Dessa forma, o agente racional leva em consideração a chance de incidir na pena quando da decisão de cometer o delito. Nesse sentido, mesmo que haja incerteza quanto à aplicação de

[120] Cf. capítulo anterior.

determinada penalidade, o criminoso racional apenas cometeria o delito caso o benefício fosse maior do que a pena esperada.

Recorrendo, agora, a simplificação facultada por Alison Oliver[121], pode dizer-se que, no "modelo padrão" de Becker, todos os potenciais criminosos recorrem a três variáveis para as suas análises maximizadoras de utilidades.

Por um lado, ponderam o benefício do crime (representado pela letra "B") - benefício este que é subjectivamente configurado, pelo que inclui vantagens monetárias e psicológicas decorrentes da prática do crime. Por outro lado, deduzem a esse benefício os custos relacionados com as atividades de repressão do crime, sendo estes custos o resultado da multiplicação da severidade da pena (letra "C") pela probabilidade de aplicação da mesma (letra "P").

Assim sendo, para que um crime seja cometido, o resultado final desta análise custo-benefício terá que ser positivo, i.e.: $B - C.P > 0$.

Desta expressão podem, ainda, extrair-se, entre outros, os seguintes corolários, sempre num contexto mais constante: a) se o resultado final da análise aumentar, a frequência de crimes e o número de criminosos aumenta (numa lógica similar à da lei da oferta); b) a redução do crime pode ser alcançada pela redução de "B", ou então pelo aumento de "C" ou de "P"; c) considerando que "P" varia entre 0 (0%) e 1 (100%), pode concluir-se que a diminuição da probabilidade de aplicação da pena pode anular eventuais agravamentos das penas aplicáveis e, menos intuitivamente, pode também concluir-se que o aumento da probabilidade de aplicação da pena pode ter um grande efeito dissuasor, mesmo que essa probabilidade esteja associada a penas ligeiras.

Note-se, contudo, que, no entender de Isaac Erlich[122], os custos de oportunidade (vantagens perdidas decorrentes de alternativas legais de

[121] OLIVER, Alison. ***The economics of crime: an analysis of crime rates in America***. The Park Place Economist, Illinois, ano 2002, v. 10, ed. 1, p. 30-31, 2002. Disponível em: https://digitalcommons.iwu.edu/cgi/viewcontent.cgi?article=1171&context=parkplace. Acesso em: 9 set. 2021..

[122] EHRLICH, Isaac. **Participation in Illegitimate Activities: A Theoretical and Empirical Investigation**. The Journal of Political Economy, v. 81, mai-jun., p. 521-564, 1973. . Disponível em: https://www.jstor.org/stable/1831025. Acesso em: 12 set. 2021.

obtenção de rendimento) estão ausentes da referida equação[123], embora possam ser incorporados na mesma (através, p. ex., da letra "O"). Neste caso, o crime já só será racionalmente cometido se se preencher a condição: $B - (C.P + O) > 0$.

Entre outros factores, Isaac Erlich destaca, também, a importância dos efeitos contraditórios dos níveis de educação em duas das variáveis desta última fórmula: se, por um lado, o aumento médio dos níveis de educação contribui para aumentar "B", porque "dirige" os criminosos para as áreas mais sofisticadas e, consequentemente, mais lucrativas (caso típico do crime organizado), em contrapartida aumenta-lhes o custo de oportunidade, dada a maior probabilidade de inserção desses indivíduos em atividades legais lucrativas (veja-se o caso dos cibercriminosos que aceitam ofertas de emprego em empresas de segurança online ou em agências nacionais de informação).

No exemplo da figura 1, levando em consideração que o indivíduo busque seu próprio interesse racionalmente, o ato ímprobo não compensaria, porquanto a pena esperada é maior do que a restituição perfeita, representando uma piora na situação do agente delituoso[124].

Já na figura 2, é possível verificar a hipótese inversa, porquanto a pena esperada está abaixo da linha de restituição perfeita, espaço em que o criminoso tem um ganho esperado maior do que a sanção esperada, existindo lucro por parte do empreendedor delituoso, representado pela área hachurada. Assim, quando a severidade do crime é igual a x^*, pode-se afirmar que o lucro é maximizado.

Dessa feita, compreendendo o fenômeno em termos marginais, o benefício em aumentar a seriedade de um determinado ato delituoso em um pequeno valor depende do custo marginal. Sendo o custo marginal esperado para um criminoso igual ao aumento esperado da pena proporcional, para valores abaixo do nível x^*, o ganho marginal é superior ao custo marginal esperado, de modo que o empreendedor criminoso deverá aumentar a seriedade até o nível x^*.

[123] Mesmo não tendo sido aprofundadamente tratada no seu artigo de 1968, Gary Becker colocou a hipótese de tais custos influenciarem o número de ofensas praticadas. BECKER, op. cit. p. 177.

[124] COOTER, ULLEN, op. cit.

Cooter e Ulen[125] exprimem essa relação em notação matemática, indicando que a variável x corresponde à seriedade do crime em unidades monetárias e a variável y(x) indica o retorno do crime em função da seriedade do crime. De igual modo, considerando que a severidade da sanção (f(x)) e a probabilidade de incidência da pena (p(x)) também podem ser expressas em função de x, a punição esperada é igual ao produto do montante da pena e da sua probabilidade (p(x)f(x)).

A fim de maximizar o seu retorno, o agente delituoso respeita a seguinte relação: min y(x) = p(x)f(x) Assim, a maximização do resultado líquido do empreendimento criminoso é expressa no ponto em que o retorno marginal do crime equivale ao seu custo marginal, ou punição marginal esperada: y ' = p ' f(x) + p(x)f'.

Contudo, na teoria econômica do delito, o comportamento racional dos agentes não consiste estritamente nos seus valores esperados, mas também repousa no fundamento de que o cumprimento ou descumprimento de determinada lei não é automático ou absoluto. A norma, por conseguinte, será obedecida se, na relação de preferências individualmente efetuada, isso se revelar vantajoso sob um prisma moral ou ideológico[126]. Assim, o agente racional é capaz de organizar suas preferências, descrevendo-as em forma de utilidade que determinado benefício proveniente de uma escolha traz individualmente[127].

A utilidade do comportamento racional criminoso também pode ser expressada por notação matemática , onde a utilidade esperada (EU(x)) é igual à utilidade do agente aferir o ganho criminoso sem ser descoberto (U[y(x)]) vezes a probabilidade da ocorrência deste evento (p), adicionado à utilidade do ganho menos a perda em função da punição (U[y(x) – f(x)]), vezes a probabilidade de sua ocorrência (1-p). Assim, a utilidade esperada respeitaria:

$$EU(x) = pU\,[y(x)] + (1-p)U\,[y(x)-f(x)]$$

125 Idem.

126 GHIGNONE, Luciano Taques. **Corrupção e eficiência administrativa: um exame à luz da análise econômica do direito**. Revista do Instituto de Direito Brasileiro, ano 2, n. 2, Lisboa, 2013, p. 367-473.

127 VARIAN, Hal R. **Microeconomia: princípios básicos: uma abordagem moderna**. Rio de Janeiro: Campus, 2000.

Quanto ao ponto, para uma compreensão mais completa, é impositivo recorrer a um dos conceitos centrais da economia comportamental: a aversão ao risco. Segundo Kahneman[128], os agentes em geral respondem mais fortemente às perdas do que aos ganhos, de modo que a possibilidade de perda de um determinado montante gera muito menos utilidade do que a possibilidade de aumentar o patrimônio no mesmo valor.

Assim, o efeito do desestímulo é maior nas punições do que nas premiações. Já Schaefer e Shikida[129] afirmam que apesar de a grande maioria da população ser avessa a correr riscos, a maioria dos criminosos é exceção à regra, sendo neutra ou amante ao risco. Isso demonstra que a utilidade esperada dos agentes pode variar em razão de diversos fatores subjetivos e culturais de determinadas sociedades.

De outra sorte, é oportuno também visualizar o conteúdo teórico sob uma ótica agregada da tomada de decisão do agente criminoso, concentrando-se não sobre a seriedade do delito, mas sobre a quantidade de ocorrência.

Segundo Cooter e Ulen, o interesse em cometer delitos pela sociedade diminui ao passo que a relação p(x)f(x) aumenta, ou seja, à medida que a pena esperada aumenta, a criminalidade agregada declina devido à diminuição da "demanda" por crimes, o que se assemelha à teoria microeconômica da curva decrescente da demanda do consumidor.

De igual modo, importante notar a elasticidade da "oferta" do crime, ou seja, qual a relação entre aumentos em punições esperadas e índices criminalidades. Isso porque quando a "oferta" do crime é elástica, os formuladores de políticas públicas podem reduzir significativamente a criminalidade com pequenos aumentos das penas esperadas.

Impositivo salientar que os modelos apresentados são compostos de uma maneira simplificada, de modo que a pesquisa empírica requer correções quando da sua formulação, de modo a retificar certos efeitos, como por exemplo, as informações imperfeitas sobre os benefícios do crime, probabilidades de ocorrência e magnitude das penas, a existência de perda

128 KAHNEMAN, Daniel. **Rápido e Devagar: duas formas de pensar**. Rio de Janeiro: Objetiva, 2011.

129 SCHAEFER, Gilberto José; SHIKIDA, Pery Francisco Assis. **Economia do Crime: elementos teóricos e evidências empíricas**. Análise Econômica, Porto Alegre, ano 18, n. 33, 2000. Faculdade de Ciências Econômicas da UFRGS.

e ganhos não monetários, entre outros. De qualquer forma, a incorporação desses conceitos é crucial para o real entendimento do fenômeno da improbidade, para a concretização de medidas de prevenção de ações de improbidade, bem como para diminuição dos custos sociais advindos do combate à criminalidade, conforme abordado mais adiante no estudo.

Esta forma de análise explica o que foi realizado ao longo dos anos com a LIA numa tentativa pífia de dissuasão da realização da improbidade administrativa, pois ao colocar situações corriqueiras da gestão pública como atos de improbidades, acabam por não evitarem o agente de se tornarem ímprobos e sim transformam o cargo público em atividade criminosa, ou seja, o fato de ser um gestor público só será racionalmente admitido se preencher a condição: B – (C.P + O) > 0. Porquanto, assim como George Stigler[130] afirma que estabelecer penas severas para crimes triviais significa aniquilar os incentivos para o bom ou menos mau comportamento por parte dos indivíduos, faz o mesmo efeito quando o administrador honesto, que descumpre a lei por inépcia ou venha causar algum dano no exercício das suas funções, acabasse sendo equiparado ao desonesto.

O que atrai a atitude ímproba do agente público, pois ele será racionalmente obrigado a visualizar que somente com os benefícios oriundos de um delito, o cargo público se torna atraente, pois para o gestor honesto trata-se de uma armadilha a sua carreira e bens. Conclui-se que penas mais severas e sem seletividade podem influenciar o indivíduo de forma negativa a cometer mais delitos do que menos.

Em outras palavras, a tese proposta aqui é que o controle através do alargamento da LIA tentava de forma ilusória aumentar a probabilidade de pegar mais agentes que cometem a improbidade administrativa e isso claramente não deu certo, pois ao colocar os atos de improbidade além do ato doloso, aceitando a forma culposa, na verdade, não aumentaram a probabilidade (p) da equação e sim transformavam o erro e a ineficiência de um gestor em delito, ou seja, punia-se o mau gestor e não o gestor ímprobo propriamente. Com isso, diversos casos foram abertos e não concluídos, prescritos ou mesmo sentenciados de forma injusta, atrasando a gestão pública e gerando gastos muita das vezes maiores que os danos que se pretendia evitar ou remediar feitos pela improbidade.

130 STIGLER; BECKER; LANDES, op. cit.

CAPÍTULO 2
A FUGA DA RESPONSABILIZAÇÃO DA IMPROBIDADE ADMINISTRATIVA E SUA ESTRATÉGIA

2.1. O risco e o apagão das canetas

A fim de obtermos uma compreensão adequada da aversão ao risco experimentada pelos funcionários públicos, é essencial ter uma compreensão precisa do conceito de risco. O aumento da percepção dos riscos associados a todas as atividades humanas, assim como os riscos naturais aos quais estamos expostos, tem impulsionado extensivamente a investigação dessas questões em diversas áreas científicas.

Dentro do escopo das ciências econômicas e jurídicas, nosso objetivo é explorar o conceito de risco e sua possível aversão. No contexto jurídico, o risco é considerado um conceito indeterminado, pois seu conteúdo e alcance não podem ser precisamente identificados antecipadamente. Sua natureza multifacetada, imprecisão e ambiguidade conferem ao risco esse caráter indeterminado no âmbito jurídico.[131]

[131] Os conceitos jurídicos indeterminados são aqueles cujo conteúdo e extensão são em larga medida incertos, ou seja, não são dotados de um sentido preciso e objetivo. Do ponto de vista estrutural, possuem uma zona de certeza quanto ao seu significado, habitualmente chamada de núcleo conceitual. Essa zona qualifica o campo dentro do conceito em que se tem uma noção clara e precisa do seu significado. De um lado, há a zona de certeza positiva, representada pelo campo em que ninguém duvida da efetiva aplicação do conceito. De outro, há a zona de certeza negativa, qualificada pelo campo em que ninguém duvida da

A respeito do tema dos conceitos indeterminados, importantes as considerações de Sérvulo Correia[132], no sentido que não se deve confundir conceitos indeterminados com conceitos que suscitem dificuldade de interpretação. Afinal, todo conceito tem certa imprecisão condicionada pela linguagem, que demanda argumentação para explicitar seu conteúdo. A verdadeira indeterminação consiste na avaliação e valoração da situação concreta. Trata-se de juízo de prognose sobre como uma pessoa poderá atuar futuramente, a futura utilidade de uma coisa ou o futuro desenrolar de um processo social. Desse modo, o conceito jurídico indeterminado está fundado em método causal-teorético, e não teorético-discursivo, de modo que, para se aplicar a norma jurídica, deve-se avaliar a situação concreta.

Como assevera Carla Amado Gomes[133], o conceito de risco passa pela probabilidade da sua ocorrência e seu potencial lesivo:

> "O risco é um perigo pressentido, mas não comprovado; o perigo é um risco de altíssima probabilidade. A fronteira entre os dois é, teoricamente, a da previsibilidade, que se debate com o ineliminável obstáculo da finitude do conhecimento humano.
>
> Falar de risco é, por isso, falar de incerteza. Incerteza introduzida pela técnica, incerteza geradora de imprevisibilidade, incerteza convertida em problema jurídico. A dificuldade de previsão pode incidir sobre a verificação do próprio fenómeno, sobre o momento da sua eclosão, sobre o tipo de efeitos que esta provocará, sobre o alcance destes efeitos, sobre o seu potencial lesivo. Por outras palavras, pode dizer-se que o risco se desdobra em dois elementos: a probabilidade de ocorrência de um evento, por um lado, e o potencial lesivo deste, por outro lado."

impossibilidade de aplicação do conceito. Contudo, entre as zonas de certeza positiva e negativa, vigora um espaço de dúvidas quanto à aplicação ou não do conceito. Tal espaço é chamado de zona de incerteza ou halo conceitual. ALVES, Alaôr Caffé. **Lógica: pensamento formal e argumentação: elementos para o discurso jurídico**. Bauru: Edipro, 2000. p. 170.

132 CORREIA, José Manuel Sérvulo. Legalidade e autonomia contratual nos contratos administrativos. Coimbra: Almedina, 1987, p. 474.

133 GOMES, Carla Amado. **Risco e modificação do acto autorizativo concretizador de deveres de protecção do ambiente**. Coimbra: Almedina, 2007, p. 226-227.

Portanto, quando estamos diante de uma probabilidade elevada, estamos mais próximos da noção de perigo.[134] e, por isso, o conceito de risco implica menor probabilidade que o de perigo.

Dentro do campo da economia, Richard Posner faz uma distinção entre risco e incerteza. O risco pode ser estimado com base na frequência em que um evento pode ocorrer, enquanto a incerteza não pode ser estimada em termos probabilísticos. Portanto, a presença de incerteza pode levar à paralisia na tomada de decisões, pois não se sabe o que esperar. No entanto, é importante diferenciar a ação em si da necessidade de agir, levando em consideração a relação custo-benefício.

Para mensurar o risco, é necessário conhecer: i) os possíveis resultados; ii) a probabilidade de ocorrência de cada resultado. A aversão ao risco é caracterizada pela relutância ou falta de vontade de assumir posições consideradas arriscadas. O principal objetivo de um investidor, por exemplo, que é avesso ao risco, é minimizar a incerteza. Isso pode se traduzir em preferir investimentos mais seguros, como títulos, ou ativos considerados refúgios de valor, como o ouro, durante negociações.

Diante da proximidade dos conceitos de risco e perigo, ora nos deparamos com um critério quantitativo, ora com uma perspectiva qualitativa. Na óptica quantitativa, o grau de probabilidade do evento é o grande diferenciador entre perigo e risco. Já na tese qualitativa, tem-se duas vertentes. Uma tripartite: 1) perigo = risco intolerável; 2) risco em sentido estrito = risco intolerável; 3) risco residual = risco tolerável. Outro modelo é o bipartite: riscos toleráveis versus riscos intoleráveis. De toda sorte, a diferenciação quantitativa não é de todo excluída da perspectiva qualitativa, sendo mais defensável a tese de que não há oposição entre risco e perigo, mas apenas graus de probabilidade distintos[135].

É importante mencionar o conceito de risco residual, que se refere a um risco de baixa probabilidade de causar danos significativos e que não requer a adoção de medidas preventivas. Esse tipo de risco é socialmente aceito e tolerado pela sociedade.[136]. A despeito da multifacetada compreensão do conceito de risco a depender de cada ramo do saber em que esteja inserido, neste trabalho adotaremos o seguinte conceito operacional: risco para o

134 GOMES, Ibidem p. 228.

135 GOMES, Op. Cit. p. 226-234

136 GOMES, Ibid. p. 234

agente público é toda incerteza que é gerada pelo controle na avaliação de sua atividade administrativa tendo por consequência impactos negativos nos objetivos por ele pretendido.

Um aspecto importante que merece destaque é a distinção entre probabilidade e possibilidade de risco. Essencialmente, o conceito de probabilidade abrange uma escala de 0% a 100%, enquanto o conceito de possibilidade é binário, representado por 0 ou 1, denotando extremos e tendo pouca relevância para a formulação de estratégias de prevenção e gerenciamento de riscos. Nesse contexto, os gestores direcionam sua atenção para os riscos que apresentam alta probabilidade de ocorrência e cujas consequências seriam de grande impacto, uma vez que tais riscos possuem um menor grau de incerteza devido à sua alta probabilidade de se materializarem[137].

Para ilustrar melhor, na esteira da ISO 31.000, risco é o efeito da incerteza em determinada atividade, traduzindo-se no binômio probabilidade versus impacto. Risco envolve a quantificação e qualificação da incerteza, tanto para perdas como para ganhos.

Este trabalho, portanto, apresenta, dessa forma o risco de responsabilização dos agentes públicos. Essa espécie de risco pode ser definida como: toda incerteza que pode implicar a responsabilização por improbidade administrativa dos agentes públicos pelo exercício de suas funções, especialmente as decorrentes da atividade decisória. Se fôssemos compreender esse tipo de risco na concepção de Ulrich Beck[138], poderíamos enquadrá-lo na noção de risco tradicional, eis que não se trata de risco moderno que afeta globalmente nossa civilização e cujos processos causais são de difícil identificação e fruto dos avanços tecnológicos.

É importante ressaltar que as decisões administrativas envolvem riscos inerentes à escolha de políticas públicas específicas. Além disso, a implementação de medidas de prevenção para evitar ou minimizar os riscos enfrentados pela sociedade também pode acarretar riscos próprios. Nessas circunstâncias, estamos lidando com o que chamamos de "riscos públicos", pois eles estão relacionados às tarefas típicas do Estado, tanto

[137] TORRES, Ibid. p. 10

[138] BECK, Ulrich. **Risk society: towards a new modernity**. Tradução: Mark Ritter. New York: Sage Publications, 1992, p. 21.

como fiscalizador das atividades privadas quanto no exercício de suas próprias atividades.

No entanto, o foco da nossa análise recai sobre o risco de responsabilização dos agentes públicos, o qual não se enquadra na categoria de "riscos públicos" ou na gestão de riscos em si. Trata-se, na verdade, de um risco legal que afeta as organizações enquanto lidam com as normas jurídicas no exercício de suas funções, podendo levar à responsabilização dos indivíduos envolvidos. Esse aspecto é crucial para nossa abordagem teórica sobre o tema, uma vez que os riscos legais devem ser detectados e considerados durante o processo de gestão de riscos, uma vez que podem implicar consequências significativas para os agentes envolvidos.

Todavia não há que se confundir o risco de responsabilização dos agentes públicos e suas interações com o medo e técnicas de fuga da responsabilização com os riscos legais normalmente identificados no processo de gestão de riscos. Tanto que a adequada identificação de riscos legais pode evitar a responsabilização tanto da organização como daqueles envolvidos no processo decisório. Nesse sentido, a adoção nas organizações de gestão de riscos legais pode fazer parte das estratégias de evasão da responsabilização do modo que estamos a enfrentar.

Dentro do âmbito de gestão de riscos de empresas e grupos privados, a identificação, avaliação, tratamento e monitoramento dos riscos legais são elementos que operam de maneira eficiente. Essas práticas não apresentam disfuncionalidades. Por outro lado, ao lidar com o setor público, os riscos são enfrentados de forma transparente e através de uma política e sistema de gestão de riscos bem estruturados. Esses mecanismos são implementados com o objetivo de definir claramente a competência e responsabilidade dos gestores de forma organizada, o que permite uma tomada de decisão adequada e a corresponsabilidade dentro de uma determinada hierarquia funcional.

Entretanto, o fenômeno do risco de responsabilização dos agentes públicos decorrente de um controle disfuncional e as estratégias dissuasórias associadas são abordados de maneira meramente intuitiva e instintiva pelos mesmos, sem grande transparência. Seu principal objetivo não é a gestão de riscos, mas sim evitar a possibilidade de responsabilização individual pelas decisões tomadas. Isso pode resultar em uma postura de evitar tomar decisões ou transferir a carga decisória para terceiros, sem a devida preocupação em abordar os riscos de forma sistemática.

Conforme será evidenciado posteriormente, muitas das estratégias utilizadas para evitar a responsabilização são ineficientes quando aplicadas à Administração Pública, somente sendo útil para o agente público. Isso ocorre devido à falta de uma cultura transparente e republicana na gestão desses riscos, como um sistema de gerenciamento de riscos, por exemplo.

É bem verdade que, infelizmente, ainda que adequadamente implementada a gestão de riscos, esta se mostra insuficiente para garantir ao agente público segurança para definir os limites de sua responsabilização. Isso decorre diretamente do exercício do hipercontrole externo, cuja racionalidade não é previsível, maximizando o medo do agente em ser responsabilizado. Assim, cabe demonstrar qual o impacto o risco da responsabilização pessoal do agente público por decisões administrativas pode causar na decisão administrativa, pois dificilmente o agente consegue dissociar de sua situação pessoal e eventuais consequências jurídicas em sua esfera de direitos subjetivos.

Isso é frequentemente observado em circunstâncias críticas, onde o agente se depara com escolhas delicadas entre atender a seu próprio interesse ou ao bem-estar coletivo. Em certas situações extremas, o agente pode decidir em favor do bem comum, assumindo riscos pessoais. No entanto, é irrealista esperar que esse comportamento seja a norma para todos os gestores, pois, apesar de suas obrigações públicas, sua função primária deve ser apenas a gestão, sem a preocupação excessiva com tais questões. Nessas ocasiões, o agente pondera os riscos de responsabilização que enfrenta, pois isso pode implicar a perda de bens extremamente valiosos, como a liberdade, o patrimônio e o cargo.

Os agentes já estão ou deveriam estar acostumados a arcar com o ônus da responsabilização por seus atos, o que nos levaria a concluir que não estamos diante de qualquer novidade. Afinal, não se pode presumir que o exercício de qualquer atuação republicana possa dar-se de modo irresponsável. Qualquer agente público deve exercer suas funções alicerçado na ideia de periodicidade, eletividade e responsabilidade[139]. Contudo, no Brasil, o risco dos agentes públicos ordenarem despesas públicas ou tomar decisões administrativas é muito mais elevado do que em outros países.

139 ATALIBA, Geraldo. **República e constituição**. 2. ed. Atualização de Rosolea Miranda Folgosi. São Paulo: Malheiros Editores, 1998, p. 13.

A probabilidade de uma eventual responsabilização por tais decisões é extremamente alta, e isso é diretamente consequência do controle disfuncional. Este trabalho busca evidenciar como o conceito de improbidade administrativa foi ampliado, e sua aplicação aos gestores públicos está ganhando novos aspectos que antes não eram observados ou nem mesmo existiam.

Com a perspectiva de um controle punitivo em relação aos agentes públicos, surge um novo fenômeno de responsabilização, onde parâmetros muito próximos da responsabilidade objetiva são adotados para punir esses agentes. Isso vai contra o disposto no art. 37, § 6º, da Constituição Federal, que tradicionalmente estabelece a responsabilidade subjetiva como base para casos de regresso em situações de dolo ou culpa.

Ao adotar premissas de responsabilização objetiva dos agentes públicos, simplifica-se o processo ao considerar apenas a ação ou omissão do agente, o dano causado e o nexo causal, negligenciando critérios mais seletivos da responsabilização subjetiva (dolo ou culpa por imperícia, negligência ou imprudência). Às vezes, a fundamentação para a responsabilização se baseia em princípios jurídicos de alto grau de abstração, o que não deveria permitir a aplicação de sanções sem uma análise sistemática das demais regras do ordenamento ou sem levar em conta as peculiaridades do caso concreto. Nesse contexto, o exercício da função administrativa se torna arriscado, pois o agente público sabe que as chances de enfrentar ações de ressarcimento ou improbidade com grandes possibilidades de sucesso são altas, levando-o a adotar estratégias preventivas para evitar a responsabilização.

Esse contexto estimulou a principal alteração trazida pela novel legislação que é a extinção da modalidade culposa de improbidade. "Consideram-se atos de improbidade administrativa as condutas dolosas tipificadas nos arts. 9º, 10 e 11 desta Lei, ressalvados tipos previstos em leis especiais.", pois diante da responsabilização indiscriminada do agente público, o legislador tentou fixar certos parâmetros para que o controle seja exercido.

O principal argumento foi a busca da segurança jurídica, porém, em nossa percepção, seu principal intento foi tentar dar um basta na responsabilização indiscriminada dos agentes públicos através da imposição de critérios mais objetivos para o exercício do controle, bem como de limitação à sua responsabilização pessoal, como veremos mais adiante.

Entretanto, antes da promulgação dessa alteração, dada a alta probabilidade de responsabilização, é natural que os gestores adotem medidas preventivas para mitigar os riscos aos quais estão expostos. No âmbito organizacional, essas ações podem ser alcançadas por meio da adoção de conformidade (abrangendo a ideia de estar em conformidade com normas legais e regras internas ou externas) com o objetivo de prevenção, que pode ser estabelecida sem a necessidade de uma lei específica, já que pode ser regulada por atos administrativos infralegais. Já no plano estratégico, a proteção contra riscos pode ser realizada por meio de estratégias de gestão de riscos ou até mesmo por meio de medidas para evitar a responsabilização, como será discutido mais adiante. No âmbito organizacional, a prevenção pode envolver a elaboração de um plano de prevenção de riscos, que considera fatores como: i) as atribuições e missão da instituição; ii) o contexto em que a atividade é desenvolvida; iii) a forma como a organização está estruturada; iv) e o estabelecimento de objetivos estratégicos e operacionais.[140]. O foco deste trabalho não é detalhar a estruturação de mecanismos de integridade, no entanto, é importante distinguir entre um programa de integridade e um programa de gestão de riscos. O programa de integridade é mais amplo do que a gestão de riscos, abrangendo aspectos da cultura organizacional relacionados a fazer o que é correto por convicção.[141].

Com a adoção de um programa de integridade, a organização certamente estará mais protegida em suas atividades. Já o programa de gestão de riscos visa estabelecer mecanismos específicos para gerir os riscos relacionados à atividade realizada, nos quais destacamos as metodologias COSO e ISO 31000[142]. No entanto, é importante ressaltar que, mesmo

[140] TAVARES, José F. F.; CÂMARA, Sofia Sousa da. **O plano de prevenção de riscos: um instrumento de gestão indispensável no sector público direito regional e local.** Direito Regional e Local, Braga, n. 9, p. 23-39, jan./mar. 2010, p. 37.

[141] GIOVANINI, Wagner. **Mecanismo de integridade ou arma para proteção.** In: PAULA, Marco Aurélio Borges de; CASTRO, Rodrigo Pironti Aguirre de (coord.). Compliance, gestão de riscos e combate à corrupção: integridade para o desenvolvimento. Belo Horizonte: Fórum, 2018. p. 74.

[142] As metodologias COSO (Committee of Sponsoring Organizations of the Treadway Commission) e ISO 31000 são duas abordagens distintas relacionadas à gestão de riscos em organizações. Metodologia COSO: O COSO é um comitê composto por cinco organizações profissionais dos Estados Unidos e foi criado para fornecer orientações sobre a gestão de riscos

que um programa de integridade leve em conta os melhores propósitos e intenções da organização e de seus membros, não deve ser visto como algo que abdica completamente de estratégias para proteção decisória e segurança da organização e de seus agentes.

Apesar do apelo moral de efetivamente fazer-se o certo por convicção na cultura de uma organização privada ou pública, o compromisso da organização é com sua existência e o atingimento de seus objetivos e, sem dúvida, blindar-se e proteger-se para atingir esses objetivos, ainda que conciliáveis com valores éticos e comprometida em fazer a diferença, para usar uma expressão corrente na atualidade.

Apresentaremos, portanto, as estratégias de evasão de responsabilização, relativamente às quais nosso propósito é fazer uma abordagem meramente descritiva, pois muitas dessas estratégias podem ser altamente negativas no sentido de agravar ainda mais a ocorrência de riscos para as organizações públicas por implicar, assumidamente, apenas a blindagem do agente sem qualquer compromisso com a Administração Pública.

Essas estratégias de evitar a responsabilização representam um fenômeno novo que suscita reflexão sobre os riscos enfrentados no contexto político em relação à possibilidade de serem responsabilizados. Essa abordagem é conhecida como "blame games" ou "jogos de culpa", que busca desviar a responsabilidade do gestor por meio de estratégias escolhidas com o intuito de evitar as consequências políticas e jurídicas da

empresariais, controle interno e relatórios financeiros. A metodologia COSO, conhecida como "Estrutura Integrada COSO", é uma estrutura abrangente que ajuda as organizações a identificar, avaliar e responder a riscos internos e externos. A estrutura consiste em cinco componentes principais: ambiente interno, estabelecimento de objetivos, identificação de eventos de risco, avaliação de riscos e atividades de controle. A metodologia COSO é frequentemente utilizada por empresas para fortalecer o gerenciamento de riscos e a governança corporativa. Metodologia ISO 31000: A ISO 31000 é uma norma internacional que fornece princípios e diretrizes para a gestão de riscos em qualquer tipo de organização. Ela não é específica para um setor ou indústria em particular e pode ser aplicada em empresas, governos, instituições sem fins lucrativos e outras organizações. A norma ISO 31000 enfatiza a importância da gestão de riscos como um processo contínuo e integrado às atividades de uma organização. Ela abrange a identificação, análise, avaliação e tratamento de riscos, bem como a comunicação e monitoramento contínuo. A ISO 31000 promove uma abordagem holística e pró-ativa para lidar com incertezas e ameaças, ajudando as organizações a tomar decisões informadas e alcançar seus objetivos com maior segurança.

responsabilização. O que chamamos de "blame risk" ou "risco da culpa"[143], que preferimos denominar como risco de responsabilização, é um tipo de risco muito diferente daqueles com os quais estamos acostumados, como os tradicionais riscos associados às atividades administrativas para a sociedade ou para empresas, exemplificados por riscos ambientais, de segurança ou alimentares.

O que merece destaque é o risco de o próprio agente público ser responsabilizado simplesmente por tomar decisões no exercício de um cargo ou emprego público. Ao contrário do que poderíamos pensar, esse tipo de risco não se limita à classe política, atingindo também todos os gestores públicos e até mesmo os servidores mais experientes. Seus impactos são tão significativos que se torna essencial avaliar e compreender esse cenário, pois as decisões dos administradores, quando orientadas para sua própria proteção, têm efeitos drásticos sobre a Administração Pública. O objetivo principal do gestor passa a ser subjetivo e voltado para sua proteção pessoal, em vez de buscar o interesse público. Esse modo de administrar compromete completamente o que se entende por uma boa administração pública, pois o verdadeiro objetivo do agente público se torna evitar qualquer responsabilização, mesmo que isso signifique uma má administração.

2.2. As consequências do medo no processo de tomada de decisão do agente público

A alta probabilidade de ser responsabilizado pelo exercício de uma função pública, devido a um sistema de controle disfuncionalizado, gera um sentimento de medo entre os agentes públicos. Esse medo, ao mesmo tempo em que é resultado dos excessos do controle, também se torna uma causa, pois leva os agentes a adotarem respostas disfuncionais para se autoprotegerem. Isso pode levar ao imobilismo decisório, decorrente do medo de tomar decisões, o que pode, por sua vez, resultar em uma atuação mais rígida dos órgãos de controle. O medo, portanto, reflete a incapacidade de gerir esses riscos, uma vez que a probabilidade de ameaça é tão elevada que naturalmente gera esse sentimento de medo. Os gestores

[143] HOOD, Christopher. **El juego de la culpa: manipulación, burocracia y autoconservación en el estado.** Tradução: José Antonio Olmeda Gomez. Madrid: Instituto Nacional de Administración Pública, 2014.

públicos enfrentam o medo porque não sabem como evitar esses riscos pessoais do processo decisório, que estão sujeitos a diversas penalidades e responsabilidades.

Cria-se a cultura do Direito Administrativo do Medo[144], que significa "a interpretação e aplicação das normas de Direito Administrativo e o próprio exercício da função administrativa pautadas pelo medo em decidir dos agentes públicos, em face do alto risco de responsabilização decorrente do controle externo disfuncional, priorizando a autoproteção decisória e a fuga da responsabilização em prejuízo do interesse público".

O medo não apenas inibe uma atuação mais criativa e propositiva dos Administradores, mas mesmo no cumprimento das normas jurídicas os administradores sequer podem aplicar o Direito como lhes parece adequado sem medo das sanções que poderão advir disso. Criando a seguinte lógica: primeiro, pensam em como os órgãos de controle agirão em caso de fiscalização, para em segundo lugar, dependendo desta avaliação, absterem-se em decidir, decidirem de modo lento, ou decidirem de modo a antever as expectativas dos órgãos de controle, postergando ao máximo a decisão com consulta a órgãos consultivos ou aos próprios órgãos de controle.

É claro que é saudável que as decisões administrativas levem em conta os precedentes e entendimentos já exarados por órgãos de controle, orientando o administrador a bem decidir. Nesse contexto, é importante o papel dos órgãos de controle e o próprio sistema de pesos e contrapesos inerentes às funções estatais, contudo o fenômeno indesejável a que nos referimos trata de outra coisa.

Aqui, evidenciamos a percepção dos agentes públicos de que, independentemente das decisões que tomem, mesmo que sejam bem fundamentadas, estarão sujeitos a uma elevada responsabilização por suas escolhas. Essa percepção resulta em uma cultura de não decisão ou outras disfuncionalidades com o objetivo de evitar a responsabilização. O medo, como uma expressão dos instintos mais primários, tanto na selva quanto na Administração Pública, pode levar a um comportamento conhecido: a paralisia. Diante de uma ameaça séria, às vezes o ser humano entra em choque, fica sem saber como agir. O medo de tomar decisões leva o

[144] SANTOS, Op. Cit. p. 173.

agente público a adotar uma cultura de imobilismo ou paralisia decisória, buscando formas de evitar a responsabilização.

Em certos casos, o medo não resulta em imobilismo ou lentidão nas decisões tomadas pelos gestores públicos. Pelo contrário, pode levar a respostas imediatas e rápidas diante da ameaça. No entanto, essas respostas são disfuncionais, pois visam livrar o gestor de qualquer risco de responsabilização, independentemente do custo para a Administração. Isso pode incluir a transferência da responsabilidade para outros agentes públicos, a fim de evitar sua própria responsabilização.

De fato, o risco é inerente ao processo decisório. Ao tomar decisões, é inevitável assumir riscos. Todavia, o risco transmuda-se em medo quando na percepção do agente público poderá ser punido pelo simples fato de decidir, ou, no mínimo, que estará sujeito a processos sancionadores no âmbito administrativo ou jurisdicional pela ampliação do conceito de improbidade administrativa. Como já vimos, as principais causas desse medo na realidade brasileira residem na elevada insegurança jurídica: i) quer em decorrência da norma jurídica que regra a improbidade admnistrativa ser excessivamente aberta, fazendo que quaisquer agentes públicos possam incorrer em sua violação; ii) quer diante do fenômeno da hiperinflação legislativa que quase impossibilita o conhecimento de todas as normas pelos agentes públicos; iii) quer mesmo pela pouca deferência dos órgãos de controle às decisões administrativas tomadas pelos agentes públicos controlados. O resultado disto é que o risco se transmuta em medo, e o medo, por natureza, é instintivo.

Dessa forma, o ônus de tomar decisões deixa de ser apenas uma questão de escolher a melhor opção para o caso em questão, tornando-se uma forma de autoproteção para o agente. Esse agente passa a agir de maneira a transferir ou evitar os riscos de responsabilização, especialmente quando o risco é excessivo e impossível de ser gerenciado ou enfrentado, resultando em um sentimento natural de medo.

Embora possa parecer estranho e pouco comum abordar o medo sob a perspectiva jurídica, não podemos ignorar essa realidade ao procurarmos compreender por que os agentes públicos adotam estratégias para evitar a responsabilização e proteger-se do processo decisório. A razão para tal comportamento está, precisamente, no medo das consequências decorrentes de um controle disfuncional.

Esse controle disfuncional, ao agravar qualquer previsão lógica, gera medo devido ao risco não controlado ou incontrolável. As consequências desse cenário na gestão pública são de grande impacto. Thomas Hobbes[145] sempre viu no medo fator de cumprimento da lei, inclusive defendendo a compatibilidade entre medo e liberdade. Entre as tradicionais aproximações entre Direito e medo, está o Direito Penal. O medo do crime e do processo de vitimização a que todos estamos sujeitos tem levado à produção legiferante visando atender ao clamor social por segurança e o consequente recrudescimento da legislação penal como tábua de salvação para os conflitos da sociedade contemporânea, evidenciando conexões entre Direito e medo.

Portanto, podemos abordar o medo como um fenômeno jurídico em diversas situações: primeiro, na produção da norma jurídica, onde o Direito Penal e a responsabilização por improbidade administrativa são exemplos claros de como o medo é utilizado para proibir ou incentivar certos comportamentos. Segundo, o medo também está presente na adoção de estratégias de fuga da responsabilização por parte dos agentes públicos, que buscam evitar ser responsabilizados por suas ações. E, por fim, o medo pode influenciar a organização e implementação de processos decisórios, com o objetivo de distribuir ou alocar riscos de forma a reduzir o temor de tomar decisões.

É importante ressaltar que assumir riscos e promover a inovação dentro da Administração Pública deve ser algo desejável, ousado e desafiador, ao invés de ser associado a algo perigoso e sujeito à desaprovação social. Todos os gestores públicos devem estar preparados para enfrentar os desafios modernos de gerir adequadamente a coisa pública em um mundo cada vez mais informatizado e interligado.

Infelizmente, para se ter medo dos órgãos de controle, sequer é necessário comportamento ousado e inovador, pois mesmo que o agente público se proponha a atuar de modo sóbrio e acanhado estará sujeito a riscos elevados. Ainda que se proponha a cumprir estritamente a norma jurídica em sua atuação administrativa, correrá o risco de ser responsabilizado por

[145] HOBBES, Thomas. Leviatã: matéria, forma e poder de um Estado eclesiástico e civil. Tradução de João Paulo Monteiro e Maria Beatriz Nizza da Silva. São Paulo: Martins Fontes, 2003.

sua má aplicação e estará sujeito a prejuízos imaginários que lhe serão imputados.

Diante de todas essas razões, o medo tem impactos significativos na atividade administrativa, o que leva os juristas a abordarem essa temática. As inter-relações entre risco e medo no processo decisório exigem que analisemos o tema não apenas em relação às suas causas, como já foi mencionado anteriormente, mas também identificando seus efeitos. Nesse contexto, é essencial compreender o comportamento dos agentes públicos em relação à administração da responsabilização.

2.3. Os agentes públicos na administração da responsabilização

Nesta seção, abordaremos as estratégias de evasão de responsabilização empregadas para evitar a culpabilidade ampliada de improbidade administrativa por parte dos agentes públicos em suas atribuições. As reflexões teóricas norteadoras desse tema são fundamentadas no trabalho de Christopher Hood.[146], que identifica e classifica os agentes públicos em diversos mundos de responsabilização.

No primeiro mundo, estariam os "generais", que são os que estão na primeira posição de liderança, muitos deles agentes políticos ou mesmo os detentores de funções públicas diretamente ligadas aos agentes políticos, cuja responsabilidade vem à tona diante de uma crise que demanda culpados. Temos nesta posição o Presidente da República, Governadores e Prefeitos, como são exercentes de cargos políticos, são altamente visados pela mídia e pela opinião pública. Seu interesse em desviar a responsabilidade tem tanto um viés exclusivamente político, no sentido de evitar decisões ou atitudes que lhes causem desgastes que os impossibilitem ou dificultem sua reeleição, como uma preocupação na blindagem contra ações de improbidade administrativa para evitar a cominação e inelegibilidades. Também os Ministros de Estado e Secretários Estaduais e Municipais podem ser alocados nessa categoria.

Já no segundo mundo da fuga ou evasão da responsabilização está a "infantaria", os servidores da "linha de frente", aqueles que tratam diretamente com o público e sofrem as pressões dos cidadãos em seu cotidiano[147]. Composto pelos exercentes de cargo ou emprego responsáveis por fazer a

[146] HOOD, Op. Cit. p. 46.

[147] HOOD, Ibid. p. 46.

máquina estatal funcionar, atuando na linha de frente ou na "infantaria" da Administração Pública. Abrange servidores ou empregados que atendem diretamente ao público, como médicos; professores; policiais etc., enfim, a grande massa de servidores que atua na prestação dos serviços públicos à sociedade. Igualmente, pode abarcar esses servidores quando no exercício de funções de confiança ou cargos em comissão, nas funções de chefia, direção ou assessoramento. Nos "jogos da culpa", em regra, tentam desviar a responsabilização para quem está acima deles, ou mesmo alegar problemas estruturais que impossibilitem o adequado exercício de suas funções pelas más condições de trabalho, podendo, ainda, responsabilizar os usuários dos serviços como os verdadeiros causadores dos problemas ou danos a eles imputados.

Hood[148] nos fala, ainda, de um terceiro mundo da fuga da responsabilização, que compreende aqueles que estão entre os generais e a infantaria, a exemplo dos reguladores de serviços públicos, os administradores e gestores de recursos públicos. Aqui estão aqueles agentes públicos que de algum modo se encontram entre o generalato e a infantaria, abrangendo, por exemplo, as chefias de gabinete do poder executivo; dirigentes de agências reguladoras; reitores; diretores de faculdades públicas; administradores de recursos públicos etc. Em verdade, essa categoria foi criada para para abranger aqueles não previstos no primeiro e no segundo mundo.

E, por fim, o quarto mundo da fuga da responsabilização resta um grupo muito heterogêneo, que compreende todos que têm relação com o Poder Público, a exemplo dos concessionários de serviços públicos, clientes, usuários, pacientes etc. Veja-se que esses personagens da sociedade civil estão em posição de cobrar responsabilidades, mas os titulares de cargos públicos podem imputar responsabilidade a integrantes da sociedade civil, quando então lhes é dada alguma dessas responsabilidade eles entram no mundo da fuga da responsabilização[149]. Interessante na classificação proposta que mesmo a sociedade civil pode estar envolvida no jogo da fuga da responsabilização quando a ela é atribuída a responsabilidade pelo mal funcionamento dos serviços públicos, a exemplo dos casos de depredação de bens públicos.

148 HOOD, Idem.
149 HOOD, Idem.

Dentro de nosso sistema, o "quarto mundo" engloba cidadãos, usuários de serviços públicos, estudantes, pacientes, entre outros, que, à primeira vista, seriam considerados como vítimas e não culpados. No entanto, no contexto da evasão de responsabilização, eles podem ser tratados como responsáveis pelos danos ou mau funcionamento do aparato administrativo. Isso ocorre geralmente ao atribuir a esses indivíduos a verdadeira causa dos problemas que eles enfrentam, ou em situações de sabotagem ou depredação do patrimônio público[150]. Passemos a analisar os riscos de responsabilização e respectivas estratégias dos gestores para evitá-las:

O tema da evasão de responsabilização está relacionado com as medidas de prevenção de danos. No entanto, em vez de focar na prevenção de danos externos ao agente público ou nas formas de a Administração Pública atuar preventivamente em relação a ameaças e riscos que devem ser gerenciados no Estado, o enfoque da prevenção é proteger o próprio agente público e seus interesses legais. O princípio da prevenção surgiu com o advento do Estado Democrático e Social de Direito, pois os riscos e perigos que o Estado deve enfrentar estão aumentando tanto em quantidade quanto em qualidade[151]. Diante disso, o agente público age não apenas de forma preventiva, mas também com precaução, buscando evitar qualquer tipo de risco. Sua intenção é alcançar uma autoblindagem completa e absoluta, e, em busca do risco-zero, ele quer eliminar qualquer possibilidade, não apenas probabilidade, de responsabilização. Essas restrições à liberdade e autonomia do agente público geram novos perigos.

As estratégias de evasão de responsabilização são utilizadas conscientemente pelos gestores públicos. No entanto, com o aumento da insegurança jurídica, da irracionalidade do controle disfuncional e a percepção real de que os agentes públicos estão sujeitos a riscos políticos, jurídicos e patrimoniais significativos, essas estratégias são adotadas de forma mais planejada e consciente. Além disso, quando consideramos o impacto dessas estratégias na Administração Pública, onde a autoproteção passa a

[150] HOOD, Ibid, p. 62-65.

[151] Em quantidade, pois os perigos cingiam-se à manutenção da ordem e segurança do Estado-polícia. Em qualidade, porque houve aumento da atuação estatal deixando de atuar de modo absenteísta e com autocontenção no tocante aos deveres do Estado contemporâneo. GOMES, Op. Cit. p. 246.

ser mais importante do que a boa administração, nos deparamos com um fenômeno intrigante e novo.

Muitas estratégias de evasão de responsabilização são disfuncionais para a Administração, sendo uma resposta ao controle disfuncional. Um exemplo é a estratégia de abstinência decisória, na qual, apesar do dever de tomar decisões, o agente opta pela inação como mecanismo, adiando ou evitando completamente a tomada de decisões. Pesquisas demonstram que o ser humano prefere deixar de ganhar que correr o risco de perder[152], conhecido como aversão ao risco em que se dá mais atenção às informações negativas que às positivas. Nesse ponto reside um dos mais perversos efeitos das técnicas de fuga ou evasão da responsabilização de que trataremos. Na dúvida entre buscar o melhor ao interesse público em cotejo com os riscos negativos da atividade decisória, o agente público acaba por escolher o caminho da inércia.

Os agentes públicos que atuam no cotidiano das burocracias contemporâneas sofrem por nossa tradição de controle examinar não o que funciona, mas em valorizar o que não está a funcionar, sob o argumento de que o que funciona é mero dever, e o que não funciona é que deve ser fiscalizado e corrigido. A despeito da necessidade de verificar-se os equívocos e erros administrativos, esse sistema de controle leva a graves equívocos e efeitos perniciosos.

O primeiro deles é que toda atuação administrativa passa a centrar-se em evitar erros mas, ao se fazer assim, as boas práticas administrativas, as ideias inovadoras, o constante repensar da Administração Pública, ficam em segundo plano. Já o segundo problema decorre da impossibilidade um agente público não cometer erros.

É evidente que, caso a conduta do agente público seja decorrente de atuação culposa ou dolosa, ele estará sujeito ao devido ressarcimento. No entanto, esse erro não pode ser um erro qualquer; deve ser caracterizado por dolo ou culpa grave. Afinal, se toda atuação culposa dos agentes públicos resultar em responsabilidade por ato de improbidade e perda do cargo, não haverá qualquer incentivo para o desenvolvimento de suas atividades.

Diante da iminência de qualquer agente público sofrer responsabilidade por suas ações e do medo que permeia a realidade administrativa brasileira, surgem as estratégias de evasão de responsabilização. Um

152 HOOD, Op. Cit. p. 27.

exemplo disso é a estratégia de paralisia decisória, na qual a arte de não tomar decisões se torna uma forma de sobrevivência para os gestores na Administração Pública.[153].

2.4. Estratégias de fuga da responsabilização

Antes de adentrarmos nas especificidades das estratégias de fuga da responsabilização, necessário fazer algumas considerações acerca do que nos levou a eleger as estratégias tratadas neste trabalho. Primeiramente, os tipos de estratégias de fuga da responsabilização elencadas adiante não são exaustivas. É possível incluirmos outras estratégias aqui não tratadas. O foco aqui foi trazer estratégias que façam dirimir as variáveis da equação "B – (C.P + O) > 0", pois é assim que o agente público tentará racionalizar as suas atividades, afinal o controle equiparou o ato de decidir na Administração Pública a um crime.

A pluralidade de atuações e peculiaridades do exercício de cada função administrativa pode ensejar a utilização de novos tipos de estratégias visando a fuga da responsabilização. Portanto, não se pretende apresentar um rol taxativo de estratégias de fuga da responsabilização, mas tão somente elencar as que nos parecem mais relevantes.

Importante esclarecer que as estratégias de fuga da responsabilização aqui descritas decorreram do trabalho de Christopher Hood[154], que verificou a utilização dessas estratégias de fuga da responsabilização (*blame avoidance*) no Reino Unido, que são adaptáveis na realidade brasileira de como se comportam os órgãos de controle no exercício da sua atividade controladora. Portanto, importante que se diga que nossas observações não passaram por testes empíricos para saber se as estratégias por nós elencadas são utilizadas de forma generalizada, se funcionam, ou mesmo qual seu efetivo grau de proteção decisória.

Tendo em conta essas considerações introdutórias, os principais tipos de estratégias utilizadas para evasão ou fuga da responsabilização são: i) estratégia de proteção patrimonial; ii) estratégias de atuação; iii) estratégias de judicialização ou substituição decisória externa; iv) estratégias de política pública ou estratégias operacionais e, finalmente, v) estratégia

[153] CONESA, Pierre. ***Surtout ne rien décider: manuel de survie en milieu politique avec exercices pratiques corrigés***. Paris: Robert Laffont, 2014.

[154] HOOD, Op. Cit.

de relacionamento informal interadministrativo, em que, antes mesmo de assumir função pública, o gestor já realiza a proteção de seus ativos financeiros quer lícita, quer ilicitamente.

2.4.1. Estratégia de proteção patrimonial

A proteção patrimonial, conhecida como blindagem patrimonial, consiste em trazer a proteção pessoal ao patrimônio do gestor público. Essa estratégia se torna necessária quando as ações de improbidade administrativa, apesar de seu caráter punitivo, são interpretadas apenas como ações cíveis, permitindo que o bloqueio das contas do acusado seja feito preventivamente com base apenas em provas documentais, sem a necessidade de sua oitiva.

Infelizmente, essa proteção patrimonial nem sempre é realizada de maneira lícita, mas também através de práticas ilegais usadas como meio de proteção, o que coloca em risco aqueles que a utilizam. Quando a proteção patrimonial é praticada com intenção de fraude ou abuso de direito, pode levar à desconsideração da personalidade jurídica, afetando o patrimônio do agente público, mesmo que em nome de outra pessoa física ou jurídica.

Essa estratégia de blindagem patrimonial é amplamente utilizada no setor privado, envolvendo doações de bens em vida, criação de holdings familiares, doações com reserva de usufruto e instituição de cláusulas de inalienabilidade e impenhorabilidade.

O problema do controle disfuncional é que, ao invés de proporcionar segurança jurídica e contribuir para a efetiva reparação do dano, acaba gerando insegurança jurídica e impossibilitando a reparação do erário pelos danos causados pelos agentes públicos.

Detectar estratégias ilegais e grosseiras de "blindagem patrimonial", como doações de bens a familiares ou terceiros ("laranjas"), pode ser mais simples e evidente, mas a constituição de empresas offshore envolve um maior grau de sofisticação, tornando mais difícil a execução dos bens dos beneficiários.

Portanto, a utilização dessas estratégias antes mesmo de o agente público assumir qualquer cargo, é prova direta da atividade disfuncional do controle em nosso País. Afinal, se, antes mesmo de subscrever qualquer ato administrativo, o gestor tem plena noção de que seu patrimônio estará em risco, a ponto de desfazer-se ou proteger seu patrimônio antecipadamente, é porque algo está descontrolado. Decorre dos imensos riscos em ordenar despesas públicas num contexto normativo e hermenêutico brasileiro.

2.4.2. Estratégias de atuação

As estratégias de atuação[155] são amplamente manejáveis por qualquer nível hierárquico de agentes públicos. Por estratégias de atuação, quer-se significar a atribuição ou desvio da responsabilização a outros agentes públicos ou a pessoas estranhas à Administração.

O interessante da tática de atuação é que seus resultados são obtidos tanto no universo da política como na responsabilização jurídica *stricto sensu* nas ações de improbidade. Com efeito, a estratégia de atuação e seus consectários podem efetivamente blindar o agente público da responsabilidade da improbidade administrativa.

No intuito de obter-se o desvio de responsabilidade, essas técnicas podem valer-se da delegação organizativa de responsabilidades, ou mesmo na privatização ou terceirização de certas atividades que passam a ser executadas pela iniciativa privada, e não mais diretamente pelo Poder Público. A partir disso, a lógica da organização funcional da Administração Pública passa a ser a proteção de certos agentes políticos ou servidores, instaurando, assim, um novo e inquietante modelo organizativo. Para melhor compreender essa eficácia, vamos analisar mais detalhadamente as variantes da técnica de atuação: i) delegação; ii) reorganização defensiva; iii) associação coletiva nas decisões; iv) governo pelo mercado[156].

2.4.2.1. Delegação

A primeira delas a *delegação*, pode ser extremamente eficaz em nosso modelo organizativo e no modo de responsabilização dos agentes público no Brasil, pois consiste na estruturação formal da cadeia decisória longe das mãos daqueles que estejam em posição hierarquicamente superior, e que poderiam ser responsabilizados pela prática de atos administrativos. Um exemplo permite a clara compreensão deste tipo.

É bastante comum nos municípios brasileiros que os prefeitos sejam os responsáveis por deflagrar e homologar procedimentos licitatórios, apesar de não possuírem conhecimento técnico ou jurídico para tal. Muitas vezes,

[155] HOOD, Op. Cit.

[156] HOOD, Ibid., p. 98

eles confiam em seus assessores e acabam assinando procedimentos sem compreender totalmente sua legalidade. Essa situação é agravada pela proliferação de entendimentos divergentes sobre licitações no país.

Devido a essas disfuncionalidades do sistema de controle no Brasil, qualquer irregularidade nesses procedimentos costuma ser atribuída ao agente político que assinou a deflagração ou homologação. Para evitar essas consequências, uma estratégia utilizada é a delegação dessa responsabilidade a outros servidores ou agentes públicos. Isso pode ser feito por meio de projetos de lei para alterar a norma de competência na subscrição dos atos ou pela nomeação de outros ocupantes de cargos em comissão ou de confiança.

Essa estratégia serve como uma forma de proteção para os agentes políticos, evitando possíveis consequências jurídicas desfavoráveis, principalmente no âmbito do Judiciário. Também é utilizada por servidores de segundo escalão, desde que a lei permita. No entanto, é importante destacar que o controle disfuncional no Brasil pode não garantir total impunidade aos agentes, pois ainda é possível alegar culpa in eligendo ou in vigilando, argumentando que o agente no topo da hierarquia administrativa não poderia desconhecer as irregularidades.

Mesmo assim, a delegação pode ser uma poderosa estratégia para proteger certos agentes, transferindo a responsabilização para outros de hierarquia inferior. Essa tática não elimina a responsabilização, apenas a desloca para outros servidores, satisfazendo os órgãos de controle que poderão apontar um responsável pelos atos.

2.4.2.2. Reorganização defensiva

Outra estratégia que existe devido ao controle disfuncional, é a estratégia legal de reorganização defensiva que consiste na organização da administração pública de modo desordenado ou de modo a confundir quem efetivamente deve ser responsabilizado, em razão de constantes mudanças organizativas e com consequente dificuldade em encontrar responsáveis.

Um dos tipos mais frequentes dessa estratégia é a instituição de constantes mudanças nos cargos governamentais de modo que, quando surja a crise, já não se possa mais culpar os agentes públicos que estejam efetivamente à frente da pasta. Também pode ocorrer com a impessoalização dos atendimentos aos cidadãos, de modo que, quando são atendidos por um servidor, já não o serão posteriormente, dificultando saber de quem efetivamente é a responsabilidade pelo mau funcionamento dos serviços públicos[157].

Essa estratégia, em que pese ser legal, é bastante complicada para eficiência da administração do Estado, pois as alterações organizacionais não estarão pautadas para melhor geri-lo e sim para fugir da responsabilização do controle disfuncional. Isso pode acarretar na destruição de departamentos, setores, superintendências e diretorias muito úteis e caros para o bem gerir.

2.4.2.3. Coletivização das decisões

Ainda dentro das estratégias de atuação, encontramos a utilização da coletivização das decisões, em que a ideia é coletivizar e compartilhar ao máximo a tomada de decisão, de modo a desviar-se individualmente de qualquer responsabilização. Tal medida permite que a decisão seja adotada não de modo unipessoal, mas através de conselhos ou grupos, visando compartir responsabilidades entre seus integrantes ou entre aqueles que atuam de modo cooperativo nas organizações.

Isso, apesar de ser legal, também não é muito funcional, tendo em vista que o decisões simples precisam passar por um colegiado senão para eximir pelo menos para compartilhar os riscos decisórios na atuação do parecerista.

2.4.2.4. Governo pelo mercado

Por fim, ainda nas estratégias de atuação, a técnica de governo pelo mercado se demonstra hábil estratégia de atuação para fuga da responsabilização. Nesse caso, os governos partem para privatizações e subcontratações, de modo a repassar a responsabilidade pelo mau funcionamento dos serviços públicos à iniciativa privada.

Evidente que não se está a sustentar que o intuito das privatizações e subcontratações seja a fuga da responsabilização, contudo, é inegável que a atribuição dessas atividades econômicas ao setor privado traz consigo a conveniência de o Estado e seus dirigentes não assumirem diretamente os ônus da prestação de serviços, ainda que permaneça a sua titularidade.

[157] HOOD, Ibid. p. 108-110.

A terceirização de serviços é um modo de eximir-se – senão juridicamente – ao menos politicamente da responsabilização, pois sempre se poderá atribuir a terceiros a responsabilidade pelos danos causados por possíveis erros. Pesquisas apontam que a dispersão institucional de responsabilidade implica menor atribuição de culpa pelos cidadãos aos governos e seus fracassos[158].

Vale mencionar que há decisões que não podem ser delegadas a terceiros, e mesmo as delegáveis podem não isentar de todo a responsabilidade da autoridade delegante, senão juridicamente, ao menos politicamente, pois nem sempre um chefe do Poder Executivo poderá isentar-se de responsabilidade política por decisões delegadas seus ministros ou de concessionárias que prestam serviços públicos.

2.4.3. Estratégias de judicialização ou substituição decisória externa

As estratégias de judicialização ou substituição decisória externa têm como objetivo atribuir a outros poderes ou órgãos constitucionais o poder de decisão que originalmente caberia ao administrador, visando proteger-se jurídica e politicamente. No entanto, essa tática é ineficiente sob a ótica econômica, pois vai contra a divisão funcional dos poderes estabelecida para que cada um seja responsável por suas funções.

Essa estratégia também é observada na política, quando se busca transferir a culpa e terceirizar problemas ao Judiciário, muitas vezes por conveniência ou por falta de capacidade ou interesse dos políticos em resolver questões na esfera política. No entanto, essa prática não tem sido tratada como uma estratégia típica de fuga da responsabilização nos termos aqui propostos.[159].

E, infelizmente, a utilização dessa técnica pelas autoridades políticas e administrativas pode se proliferar em solo brasileiro, pois se trata de fenômeno conhecido por qualquer administrador, mas que nunca foi tratado como estratégia típica de fuga da responsabilização nos termos aqui propostos.

158 HOOD, Ibid. p. 116

159 HIRSCHL, Ran. **O novo constitucionalismo e a judicialização da política pura no mundo.** Revista de Direito Administrativo, Rio de Janeiro, v. 251, 2009 p. 165.

Um exemplo disso é quando um cidadão ou um contratado com a Administração Pública busca pleitear algum direito subjetivo, expondo suas razões de direito, e a autoridade pública, por receio de responsabilização, sugere que a questão seja resolvida judicialmente. Mesmo casos que poderiam ser ressarcidos administrativamente são tratados com resistência, pois o ordenador de despesas teme ser alvo de ações de improbidade que questionem a decisão tomada.

Essa terceirização da decisão para o Judiciário alivia o ônus de decidir para o agente público, mas acarreta ineficiência e custos elevados. A depender do grau de risco de responsabilização pela decisão, a autoridade pública, sem qualquer pudor, por vezes revela informalmente que concorda plenamente com as razões apresentadas, mas esclarece que, dados os riscos ou problemas que tal decisão poderá fazê-lo incorrer e que seria melhor que o contratado procurasse resolver judicialmente o problema.

Mesmo situações mais corriqueiras que demandariam imediata reparação por danos causados aos particulares pela Administração e que poderiam ser ressarcidas administrativamente encontram enorme resistência, pois, se o ordenador primário de despesas ordenar seu pagamento, estará sujeito às ações de improbidade que questionam o *quantum* indenizatório pago ou mesmo discussões quanto à extensão do efetivo prejuízo sofrido pelo particular e o que fora efetivamente por ele percebido.

Curiosamente, o acerto ou desacerto daquilo que será decidido pelo Judiciário não sujeitará esse Poder a qualquer ônus ou responsabilidade por sua decisão, pois o exercício disfuncional de funções administrativas por outros poderes no Brasil não gera na casuística qualquer dever de reparação. Assim, a decisão se torna cara e ineficiente.

E não é só o Poder Judiciário que se delega a decisão que caberia fundamentalmente ao administrador. Os demais órgãos de controle estão cada vez mais decidindo em nome da Administração, exercendo obliquamente função administrativa que lhe seria defesa. Se tomarmos por exemplo o Ministério Público, verificaremos – com preocupação – que muitas "recomendações" ou Termos de Ajuste de Conduta – TAC por ele encetados, em geral, visam definir políticas públicas e decisões que competiriam apenas à Administração.

Tem-se percebido que tais recomendações ministeriais, em alguns casos, são seguidas da explícita ameaça da interposição de ações de improbidade, se não forem seguidas à risca. Nessa hipótese, tem-se a substituição decisória pelo Ministério Público sem que haja efetiva vontade do agente em o fazer, mas, diante das circunstâncias do caso e da possibilidade de sofrer ações que podem repercutir nos seus direitos políticos fundamentais e das consequências patrimoniais, o agente prefere a substituição decisória externa coercitiva como modo de autoproteção.

2.4.4. Estratégias de política pública ou estratégias operacionais

As estratégias de políticas públicas ou operacionais visam organizar e estruturar a organização administrativa de modo a eliminar potenciais causas da responsabilização. Trata-se de manter processos operacionais que compreendem: i) protocolização, estabelecendo rotinas a serem cogentemente seguidas pelas autoridades; ii) o gregarismo, que consiste em decidir de modo coletivo, evitando a individualização da responsabilidade; iii) a inação ou imobilismo decisório[160].

2.4.4.1. Protocolização

A protocolização é amplamente utilizada pela Administração Pública, impulsionada pelo avanço das tecnologias da informação, que impõem procedimentos-padrão para que o cidadão obtenha informações ou exerça seus direitos perante o órgão público. Essa estratégia oferece ao gestor público a vantagem de impessoalizar o atendimento ao cidadão, utilizando requerimentos padronizados e reduzindo o exercício de competência discricionária. Dessa forma, o sistema de informática muitas vezes é culpado pelas decisões administrativas, diminuindo o risco de responsabilidade para o administrador.

No entanto, essa estratégia também pode gerar um alto grau de ineficiência na Administração Pública, podendo até mesmo potencializar o problema ao não conseguir atender adequadamente às demandas dos cidadãos. A rigidez das rotinas preestabelecidas pode prejudicar a eficiência e a efetividade dos serviços prestados aos cidadãos.

2.4.4.2. Gregarismo

O gregarismo é uma estratégia que envolve a exposição das decisões a grupos, buscando dispersar a responsabilização. É comum observá-lo em situações em que a autoridade decisora poderia tomar decisões por si só,

[160] HOOD, Op. Cit. p. 123-124

mas prefere expor o processo decisório, seja formalmente ou informalmente, como compartilhando e-mails, envolvendo testemunhas, entre outros. Essa prática tem o propósito de evitar responsabilização judicial, e o ideal é que esses processos coletivos de decisão estejam formalmente regulados para eximir o gestor de responsabilidade.

No entanto, mesmo quando as decisões são informais, os agentes públicos podem adotar medidas para demonstrar que agiram de maneira isenta e impessoal. Por exemplo, eles podem atender os administrados de "portas abertas", permitindo que toda a equipe de servidores de apoio participe informalmente da conversa, servindo como testemunhas da honestidade da conduta do gestor.

Essa publicidade dos diálogos tem o objetivo de blindar o agente público quanto à sua honestidade, garantindo que sua conduta seja percebida como ética e íntegra. É uma espécie de estratégia para desviar a responsabilização, na qual não basta que o gestor seja honesto, mas também precisa parecer ser.

2.4.4.3. Inação ou imobilismo decisório: a paralisia administrativa

A técnica da inação ou imobilismo decisório vem crescendo cada vez mais em importância e é a principal justificativa social do presente trabalho, pois se trata do fenômeno antigo, mas que atualmente assume novos contornos, consistindo simplesmente em negar atender a demandas dos cidadãos ou situações que impliquem elevado risco. Ao deliberar sobre tema de elevado grau de responsabilização, a autoridade simplesmente "diz não"[161].

O assunto também foi tratado por Pierre Conesa no livro *Surtout ne rien décider: manuel de survie em milieu politique avec exercices pratiques corrigés*[162]. O texto é ácido, provocante e atual. Ainda que o enfoque do autor tenha sido a sobrevivência no meio político pela arte da não decisão, e por isso mesmo sem maior aprofundamento quanto à responsabilização jurídica dos políticos.

A despeito de Conesa tratar mais detidamente do tema, não podemos deixar de fazer menção do texto de Pierre Affuzzi *Pour une théorie politique de la non-décision*, que, antes mesmo de Conesa, já delineou

[161] HOOD, Ibid. p. 134-137

[162] CONESA, Op. Cit.

aspectos fundamentais do imobilismo decisório em matéria de reformas administrativas[163].

O livro de Conesa pode ser resumido no seguinte parágrafo: "Aprender a arte suprema da não decisão deixando um rastro na história, tal é o propósito deste pequeno livro que entrega na mão técnicas-chave para saber dar a ilusão de ação sem nunca decidir nada."[164].

Conesa enfatiza a procrastinação das reformas administrativas como forma de sobrevivência no mundo da política. Mas esse adiamento decisório – por razões óbvias – não pode ser assumido explicitamente, pelo contrário, deve-se dar permanentemente impressão de se estar em constante ação e movimento, deixando as coisas se resolverem[165]. Também não se deve confundir a não decisão com a indecisão. Em que pese as duas serem péssimas a Administração e consequentemente a população, são coisas muito diferentes. Quem não decide sabe o que está fazendo, nada tem de indeciso, utiliza-se da não decisão como tática planejada e programada.

O imobilismo decisório está ligado ao viés retrospectivo (*hindsight bias*) com que são escrutinados os atos administrativos pelos órgãos de controle. Diante dos riscos inerentes ao processo decisório, o agente público tende a tomar decisões burocráticas que preserve sua integridade patrimonial e pessoal.

Trata-se de um fenômeno brasileiro, que vai além da política ou em como sobreviver no meio político e alcança altos cargos. Aqui se trata da própria sobrevivência civil, política e penal do agente público. A não decisão no Brasil tem temperamentos inimagináveis. Ela passa a ser cogente, determinante e fundamental para a preservação do patrimônio pessoal e da liberdade do agente público.

A estratégia do imobilismo decisório no contexto brasileiro afeta negativamente todos os agentes públicos. Tanto os servidores de carreira quanto os agentes políticos são impactados por essa postura de evitar

163 AFFUZZI, Pierre. ***Pour une théorie politique de la non-décision. Annales des Mines: Gérer et comprendre***, n. 63, mar. 2001, p. 41.

164 *Apprendre l'art suprême de la non-décision en laissant une trace dans l'histoire, tel est l'objet de ce petit ouvrage qui livre clés en main les techniques à connaître pour donner l'illusion de l'accion sans jamais rien décider* CONESA, Op. Cit. p. 17

165 CONESA, Idem.

tomar decisões, em virtude do medo das consequências que podem advir de suas escolhas. Enquanto os agentes políticos recém-chegados à política podem não compreender completamente os riscos aos quais estão sujeitos em sua liberdade e patrimônio, os servidores de carreira, mais experientes e cientes dos perigos, evitam decidir ou subscrever documentos que possam levá-los a assumir responsabilidades decisórias.

Esse imobilismo é tão prevalente que se reflete em pareceres técnicos ambíguos, que apontam o caminho legal para resolver problemas, mas ao mesmo tempo colocam em dúvida a solução técnica adotada, como uma forma de precaução contra possíveis questionamentos futuros sobre o conteúdo do parecer.

Outro efeito desse imobilismo é o uso generalizado do indeferimento como estratégia de autoproteção dos agentes públicos. A paralisia decisória, juntamente com técnicas de não decisão, pode prejudicar a eficiência da gestão pública, mas, ao mesmo tempo, pode servir para preservar os bens jurídicos dos gestores, ordenadores de despesas e outros envolvidos na Administração.

"Dorme tranquilo quem indefere".[166] O fenômeno da não decisão na Administração Pública é antigo, porém é hoje há novidades na estratégia. Porquanto a implementação maciça dos controles da Administração Pública implicaram no aumento exponencial dos riscos.

Se antes era uma mera cogitação o gestor público ser cobrado e responsabilizado por suas decisões, hoje isso é muito mais possível; quer pelo aumento da informatização e grau de acuidade dos sistemas de controle, quer pela participação mais intensa do cidadão no controle social; seja por cobertura midiática cada vez mais intensa; ou, ainda, pela comunicação instantânea das redes sociais.

Vale sempre afirmar, que o problema não está em ser cobrado pela sociedade ou controlado. É óbvio que o exercício de função administrativa implica *accountability*[167] e eventual responsabilização. Afinal, não se imagina

[166] SOUTO, Marcos Juruena Villela. **Direito administrativo regulatório**. 2. ed. Rio de Janeiro: Lumen Juris, 2005.

[167] O significado do termo *accountability* tem gerado muita controvérsia no Brasil. A inexistência de tradução para o português e, principalmente, a ausência de significação dessa expressão na realidade brasileira leva a uma dificuldade adicional ao se tentar abordar o tema. Pode-se especular inicialmente, que a inexistência do termo em português está associada à inexistência do fenômeno no âmbito da sociedade brasileira. Tal especulação pode ser

que alguém possa exercer tais funções sem ônus. O problema desenvolvido ao longo deste trabalho está no ônus disfuncional. A possibilidade de ações de improbidade fazem que o gestor tenha não apenas aversão, mas pânico ao risco de decidir, pois não se trata de mera reprimenda social ou administrativa, mas de pesadas consequências ao patrimônio pessoal, aos direitos políticos fundamentais ou mesmo à própria liberdade ambulatória decorrente de erros que deveriam ser escusáveis.

Demais disso, a técnica de indeferimento e consequente paralisia administrativa adquire importante variante no Brasil, ligada ao desequilíbrio entre as funções estatais por qual passamos. É que o gestor público, mesmo sabendo que é da sua competência decidir, prefere indeferir justamente para que o administrado busque o atendimento de seu pleito pela via judicial. Como veremos em seguida, o agente público, sabendo que estará sujeito à responsabilização disfuncional, pouco importando o que decida, prefere deixar ao Judiciário, o ônus em decidir e substituir por via oblíqua o lídimo exercício da função administrativa.

O apego ao equipamento burocrático de controle, especialmente num cenário de aumento da revelação de mais casos de improbidade, é cada vez maior. Toda vez que há notícia de casos de improbidade, cai-se na tentação de propor-se o incremento da burocracia, do procedimento, assim como a intolerância com a sua violação.

O problema é que enriquecer e sofisticar ainda mais o processo burocrático, além de incrementar os custos de gestão, não resolve o problema. A improbidade muitas das vezes não encontra limites no controle disfuncional. Tanto que ela tem conseguido, contrariamente, esconder-se

sustentada se considerarmos que, a partir da estruturação dos sistemas formais de controle no Brasil, consubstanciada na criação do Tribunal de Contas da União (TCU), em 1895, a forma de verbalizar tal fenômeno foi a expressão "prestação de contas". Parece-nos lícito supor, também, que à época tal expressão poderia definir e descrever entre nós algo parecido com o que se entendia como *accountability* nos EUA. Hoje, no entanto, fica evidente que o desenvolvimento das duas sociedades foi acrescentando ao fenômeno contornos nitidamente diferentes, permanecendo praticamente inalterado entre nós e adquirindo profundidade e amplitude nos EUA. De qualquer forma, quer concordemos ou não com a argumentação precedente, o fato é que hoje "prestação de contas" e *accountability* definem e descrevem fenômenos distintos. CAMPOS, Ana Maria. ***Accountability*: Quando poderemos traduzi-la para o português?** Revista da Administração Pública. Rio de Janeiro: FGV, fev./abr. 1990.

atrás de tanta sofisticação, quando o cumprimento da burocracia e requisitos do controle acaba funcionando como um fator de legitimação da improbidade.

Em uma abordagem alternativa, poderíamos direcionar nossos investimentos para mecanismos de investigação e penalização da improbidade administrativa que sejam realmente efetivos, aumentando a capacidade do Estado em investigar e punir os casos de forma mais precisa.

É importante destacar que este trabalho tem como objetivo principal a análise econômica, sem subestimar a importância dos sistemas de controle eficientes para alcançar seus propósitos. Portanto, é crucial considerar a relação de custo-benefício no contexto da atividade administrativa em funcionamento.

Encontrar o equilíbrio adequado entre legalidade e eficácia tem sido uma questão desafiadora e de constante revisão no campo do Direito Administrativo ao longo das últimas seis décadas, com esforços constantes em busca de reformas e aprimoramentos[168]. De fato, a busca pelo delicado equilíbrio entre eficiência e burocracia, autonomia discricionária e legalidade, tem suscitado discussões cíclicas sobre o nível de autonomia concedido ao gestor em relação à densidade do controle procedimental.

Torna-se imprescindível, portanto, repensar nosso sistema de controle e reavaliar as interpretações, sobretudo as jurisprudenciais, que têm contribuído para uma rigidez excessiva e ortodoxa. Os sinais de ineficiência administrativa apresentados aqui estão mais evidentes do que nunca.

Conforme mencionado no início deste texto, a superexposição do gestor público aos riscos jurídicos, derivados de uma cultura de controle acrítica, está levando-o ao ônus da inércia. Assim, é essencial em trabalhos futuros realizar uma investigação aprofundada sobre o verdadeiro custo do controle em nosso sistema.

[168] **Reinventando o governo e reforma regulatória: estudos sobre a desconsideração e o abuso do direito administrativo.** Regulação econômica e democracia – o debate norte-americano. Trad. Caio M. da S. Pereira Neto. São Paulo: Editora 34, 2004, p. 296.

CAPÍTULO 3
ANÁLISES DOS CASOS DISFUNCIONAIS NAS AÇÕES DE IMPROBIDADE ADMINISTRATIVA

A sensação de êxito de uma norma legal é condição fundamental para que se perceba uma alteração comportamental dos agentes em relação ao cenário anterior, da mesma forma que a baixa qualidade de um sistema legal favorece a falta desta sensação de que a lei é eficiente. Ou seja, a percepção pelos atores sociais de que as regras estão sendo devidamente aplicadas gera um vigoroso efeito preventivo. Assim, o principal mérito de uma eficiente atuação repressiva estatal não é a responsabilização do infrator, e sim a alteração de um paradigma de conduta dos agentes[169].

E a efetiva aplicação da lei é um processo custoso e exige um judiciário já estabilizado e preparado para esse tipo de demanda. Além disso, os efeitos das normas repressivas seguem a lei econômica dos rendimentos marginais decrescentes e custos marginais crescentes.

[169] NÓBREGA, Antonio Carlos Vasconcellos. **A Nova Lei de Responsabilização de Pessoas Jurídicas como Estrutura de Incentivos aos Agentes.** Economic Analysis of Law Review, Brasília, v. 5, n. 1, p. 70, Jan-Jun 2014. Disponível em: file:///H:/Meu%20Drive/GFX%20Advogados%20[S%C3%B3cios]/12.%20Pastas%20Pessoais%20dos%20S%C3%B3cios/fgullo/MESTRADO%20FGV%202020/DEFESA/Pesquisa/4789-21732-1-PB.pdf. Acesso em: 10 set. 2021.

Além do fato que, segundo Lambsdorff[170], apesar do mérito das políticas anticorrupção em países desenvolvidos, a dificuldade de efetivação desses programas nos países periféricos coloca em cheque o futuro das legislações que prescrevem uma penalização draconiana das práticas ímprobas, isso porque, a efetiva aplicação da lei é um processo custoso e exige um judiciário já estabilizado e preparado para esse tipo de demanda. Além disso, os efeitos das normas repressivas seguem a lei econômica dos rendimentos marginais decrescentes e custos marginais crescentes: a partir de um certo ponto, quanto maior o gasto do governo em um programa repressivo contra a improbidade pelo Estado, com maiores dispêndios para os cofres públicos, menor a efetividade da punição para agentes ímprobos.

Uma questão preocupante, no caso brasileiro, é a taxa de soluções judiciais em casos de improbidade administrativa. Isso porque, em países como o Brasil, onde as baixas taxas judiciárias tornam o custo de litígio virtualmente zero, os níveis de demandas judiciais são alocados em quantidades não ótimas de bem-estar social. Em outras palavras, um sistema judicial financiado exclusivamente com dinheiro público induz o congestionamento processual, a demora na resolução de processos e uma consequente diminuição da efetividade judiciária[171].

Com efeito, o orçamento global do judiciário em 2020 foi de R$ 100 bilhões. A despesa da Justiça Estadual, segmento que abrange 77% dos processos em tramitação, corresponde a aproximadamente 58% da despesa total do Poder Judiciário. Já, na Justiça Federal, a relação é de 14% dos processos para 12% das despesas, e na Justiça Trabalhista, 6% dos processos e 20% das despesas. Os resultados são do Relatório Justiça em Números 2021, anuário estatístico consolidado desde 2009 pelo Conselho

[170] LAMBSDORFF, Johann Graff. ***The Institutional Economics of Corruption and Reform***. Nova Iorque: Cambridge University Press, 2008. Disponível em: https://www.researchgate.net/publication/227388537_The_institutional_economics_of_corruption_and_reform_Theory_evidence_and_policy Acesso em: 01 out. 2021.

[171] NIETO, Rafael Mery. **Court Fees: Charging the user as a way to mitigate judicial congestion**. The Latin American and Iberian Journal of Law and Economics. Vol. 1: Iss. 1, Article 7, 2015. Disponível em: https://www.researchgate.net/publication/281641014_Court_Fees_Charging_the_User_as_a_Way_to_Mitigate_Judicial_Congestion. Acesso em: 01 out. 2021.

Nacional de Justiça (CNJ)[172]. Em 2020, o custo pelo serviço de Justiça foi de R$ 475,51 por habitante.

As despesas com pessoal são responsáveis por aproximadamente 93% da despesa total, e os 7% restantes referem-se às despesas de capital (1,4%) e outras despesas correntes (6%), que somam R$ 1,4 bilhão e R$ 6 bilhões, respectivamente. Quanto aos gastos com pessoal 87% dos gastos destinam-se ao pagamento de subsídios e remunerações dos magistrados e servidores ativos e inativos; 6,8% são referentes ao pagamento de benefícios (ex.: auxílio-alimentação, auxílio-saúde); 1,9% corresponde ao pagamento de despesas em caráter eventual e indenizatório; 3,6% são gastos com terceirizados e 0,6% é gasto com estagiários.

Outrossim, essa tendência também se observa no custo proporcional do Ministério Público, da Defensoria Pública, da Advocacia Pública, de modo que o sistema de justiça brasileiro é, em termos proporcionais e per capita, o mais caro do mundo[173].

Um último dado acerca do sistema judiciário é o da aceleração dos gastos[174] orçamentários nos últimos anos, sem que houvesse um correspondente aumento de sua produtividade. Dentro dos conceitos apresentados no primeiro capítulo, essa relação ineficiente gera um aumento do custo social de combate às práticas ímprobas, pro exemplo, sem, contudo, gerar efeitos práticos na redução dos índices gerais de percepção de corrupção.

Por fim, essa situação é agravada pela existência de um desinteresse generalizado no levantamento de dados dentro das estruturas judiciais que se interessem em definir os custos do poder judiciário, de modo que a análise de eficiência dos tribunais brasileiros se torna ainda mais difícil[175].

[172] **JUSTIÇA em números 2021**. 1. ed. Brasília: Conselho Nacional de Justiça: CNJ, 2021. 342 p. ISBN 978-65-5972-493-2. Disponível em: https://www.cnj.jus.br/wp-content/uploads/2021/09/relatorio-justica-em-numeros2021-12.pdf. Acesso em: 19 out. 2021.

[173] DA ROS, Luciano. **O custo da Justiça no Brasil: uma análise comparativa exploratória.** *The Observatory of Social and Political Elites of Brazil.* Brasília, 2015. Disponível em: http://observatory-elites.org/wp-content/uploads/2012/06/newsletter-Observatorio-v.-2-n.-9.pdf. Acesso em: 02 out. 2021.

[174] JUSTIÇA em números 2021, op. cit.

[175] RAYMUNDO, Gisleni Valezi. **Acesso ao poder judiciário e o benefício da justiça gratuita: uma grandeza não contabilizada. Constituição,** Economia e Desenvolvimento: Revista da Academia Brasileira de Direito Constitucional, Curitiba, v. 6, n. 10, jan.-jun., 2014. p. 185-200.

Assim, a ineficiência do Estado brasileiro pelo Poder Judiciário e os problemas da interpretação e aplicação do Direito têm reflexo direto no controle disfuncional sobre os administradores públicos. Os controles não estão adequados e deferenciais ao gestor público, pois a posição institucional dele, em sua conformação constitucional já estão em desequilíbrio.

Agora, elencaremos os aspectos do controle, propícios a disfunções, e que são os responsáveis pela maior parte das sanções aplicadas aos gestores brasileiros.

O principal deles será nas ações de improbidade, onde apontaremos as principais causas dos seus problemas. Propositadamente, deixaremos de lado outros processos judiciais ou administrativos que igualmente podem produzir elevada carga de risco e medo aos gestores, a exemplo do processo penal, eleitoral e do controle gerado pelos Tribunais de Contas, mormente nos crimes contra a Administração Pública e ainda no âmbito dos processos administrativos disciplinares.

E deixamos de fazê-lo pelas seguintes razões: se fôssemos apontar os problemas do sistema processual contra improbidade sobre os administradores públicos, extrapolaríamos a questões mais próximas do tema aqui proposto de análise econômica da improbidade administrativa, sendo que os problemas deste sistema processual no Brasil não são exclusivos dos gestores públicos, afetando todos os cidadãos sujeitos à persecução cível, criminal e eleitoral. Já no tocante ao processo administrativo disciplinar, por se tratar de controle interno, ficou fora de nossa análise, eis que nosso foco é apontar as causas e efeitos econômicos do controle disfuncional.

A razão pelas quais resolvemos tratar dessa casuística é demonstrar através de casos e dados o elevado número de condenações nessas esferas de controle, o que vem a demonstrar a veracidade de nosso problema de pesquisa e que a aversão ao risco e o excesso de medo decisório são reais ao gestor público, pois o elevado número e a facilidade com que ocorrem condenações nas ações de improbidade nos tribunais, demonstram a hipótese de controle externo desarrazoado sobre os agentes públicos. Vejamos os principais problemas.

3.1. As disfunções nas ações de improbidade

As disfunções nas ações de improbidade têm sua origem em aspectos já analisados neste trabalho, pois na tentativa de evitar ou dissuadir o agente, tornaram as penas da Lei de Improbidade Administrativa mais severa e mais abrangente, abarcando a modalidade culposa além da dolosa para persecução do ato, porém os problemas das ações de improbidade que nos interessam dizem respeito a aspectos que tentaram superar com a novel alteração da Lei 8.429/92, notadamente: (i) o conceito de improbidade administrativa; (ii) os tipos abertos da Lei de Improbidade Administrativa; (iii) dolo e culpa nas ações de improbidade e (iv) proporcionalidade na aplicação das sanções.

Não seria exagero afirmar que nos tópicos anteriores residem os principais problemas da LIA, que geram absoluto pânico nos gestores minimamente preocupados com seu patrimônio, sua honra e manutenção do pleno exercício dos seus direitos políticos fundamentais.

É notório que a Lei 8.429/92 trouxe importantes avanços no combate à corrupção e na busca de uma administração pública mais proba, contudo os danos que esse diploma causou aos direitos fundamentais dos jurisdicionados nos fazem perguntar: qual o custo temos com uma lei tão devastadora e fonte de tanta iniquidade como a LIA em nosso sistema jurídico?

Parece-nos que além de ser ineficiente *per si*, ela causa o efeito oposto ao esperado fazendo o indivíduo que aceita ser agente público seja exatamente àquele disposto a cometer a improbidade mais graves ao erário público com o intuito de se elocupletar e assim aumentar o seu ganho diante do delito. Ou seja, na certeza de que o controle atingirá o agente probo e ímprobo da mesma maneira, de forma racional é melhor ser ímprobo e usufruir dos ganhos do delito. Logo, os ônus e disfunções da aplicação da LIA são muito superiores aos bônus.

As razões disso em boa parte decorrem: i) da falta de critérios adequados para dosimetria das suas sanções; ii) da referência a violação à princípios (art. 11) como ato de improbidade; iii) da ampla discricionariedade dos órgãos acusadores no manejo das ações de improbidade; iv) da radical repercussão nos direitos políticos fundamentais e nos direitos subjetivos dos acusados; e v) dos arbítrios e abusos no seu uso, aspectos estes que fazem da Lei 8.429/92 um dos diplomas mais problemáticos de nossa história legislativa.

E esses problemas se devem ainda ao modo como a LIA é aplicada pelos tribunais, agravado pelo seus péssimos enunciados linguísticos e excessiva abertura dos seus tipos sancionatórios. Dificilmente alguém que ordene despesas públicas não está sujeito à rigorosidade desta norma. Antes da alteração legislativa, se o agente público não incidisse nos tipos do art. 09º e seus incisos ainda teria o art. 10 e 10-A incisos, e, se mesmo assim deles escapar, dificilmente poderia fugir do art. 11 da LIA.

Não por acaso a Lei 8.429/92 vem sendo apontada como o mais importante instrumento de caça aos ímprobos, e, tal qual a medieval caça às bruxas, vem assumido contornos realmente assustadores ao agente público. Não é coincidência que os estudiosos do direito e além dos publicistas que atuam nas ações de improbidade demonstrem interesse em estudar obras como: "O Martelo das Feiticeiras" e "O Processo"[176] cujo conteúdo detalham as mais ilógicas maneiras de identificar e torturar um indivíduo em nome do Estado, através de um processo.

Nesse contexto, ao assumir a função pública de ordenar despesa não se tratava mais de quem poderá ser processado por improbidade, e sim

[176] "Martelo das Feiticeiras o qual destrói as bruxas e a sua heresia, como uma espada de dois gumes", ou apenas *Malleus Maleficarum*, também conhecido comumente como O Martelo das Bruxas, ou O Martelo das Feiticeiras, é um livro, ou manual inquisitorial, publicado em 1486 ou 1487 pelos dominicanos Heinrich Kraemer e James Sprenger, na Alemanha, em cumprimento à bula papal *Summis Desiderantis Affectibus* de Inocêncio VIII — sobre um manual de combate aos praticantes de heresias — e que tornou-se o guia dos inquisidores pelo restante do século XV e seguintes; embora no período existam outros manuais, este é dos mais "cruéis", ensinando sobre o ódio, tortura e morte. E "O Processo" apresenta ao leitor a narrativa carregada de uma atmosfera claustrofóbica, absurda e distópica, na qual o personagem Josef K. está imerso. Tal atmosfera deve-se mormente à sequência infindável de surpresas quase surreais, geradas por uma lei maior e inacessível, que está no entanto em perfeita conformidade com os parâmetros reais da sociedade moderna. A desorientação de Josef K. diante do absurdo presente em situações e ambientes verossímeis transmite ao leitor o mal-estar análogo ao provocado pelo Unheimliche, o "estranho familiar" tão próprio às obras de Kafka. Nesse romance, a ambiguidade onírica do peculiar universo kafkiano e as situações de absurdo existencial chegam a limites insuspeitados. A ação desenvolve-se num clima de sonhos e pesadelos misturados a fatos corriqueiros, compondo uma trama em que a irrealidade beira a loucura. Ao analisar O Processo, faz-se necessário notar que o final do romance, a cena da execução, foi a primeira parte escrita por Kafka. Josef K. nunca é informado por que motivos está sofrendo o processo, e ele sustenta sua inocência quase até ao fim. Ao declarar a sua inocência, a Josef é feita a pergunta: "inocente de quê?". Talvez o processo contra Josef tenha sido instaurado pela sua incapacidade de confessar a sua culpa, e, por conseguinte, a sua humanidade. O tema da não humanidade, largamente explorado por Kafka em toda a sua obra, torna o livro atual, provocando questões acerca dos costumes e crenças arbitrários, que podem parecer, sob certo aspecto, tão bizarros como os acontecimentos da vida de Josef K. SUSINI, Marie-Laure. **Elogio da corrupção: os incorruptíveis e seus corruptos**. Tradução: Procópio Abreu. Rio de Janeiro: Companhia de Freud, 2010.

de quando isto ocorreria. Isto demonstrava a total disfunção do regime sancionatório por improbidade administrativa no Brasil.

Como modo de reduzir tais disfunções decorrentes da aplicação da LIA, o legislador realizou importante alteração ao editar a Lei 14.230/2021, cuja principal alteração trazida pela novel legislação é a extinção da modalidade culposa de improbidade. Com efeito, só poderão ser punidos por improbidade administrativa aqueles que tiverem "a vontade livre e consciente de alcançar o resultado ilícito tipificado nos arts. 9º, 10 e 11, não bastando a voluntariedade do agente". (art. 1º, § 2º). Destaque também para a atribuição de competência exclusiva do Ministério Público para propor ações, com exigência de que a inicial da ação de improbidade já contenha as provas ou indícios da prática do ato de improbidade, sob pena de litigância de má-fé (art. 17, caput e § 6º, I e II).

Outro ponto relevante diz respeito à dosimetria das penas: a Lei 14.230/2021 acaba com a pena mínima de suspensão dos direitos políticos, que hoje é de oito anos, e aumenta a pena máxima, que passa a ser de catorze anos; estabelece ainda pena maior para o enriquecimento ilícito. (art. 12, I, II).

E outra evolução, foi a introdução da prescrição intercorrente (art. 23, § 8º), a conversão da lista dos atos de improbidade de exemplificativa em taxativa no texto da lei (art. 11, caput) e finalmente, a limitação de prazos para ressarcimento aos cofres públicos, restrição ausente no projeto original, que previa a imprescritibilidade de ressarcimento do dano ao patrimônio público.

O debate está apenas começando. Longe de pretender esgotar a matéria, destaque aqui algumas das principais alterações trazidas pelo novo diploma legal.

Esta novel lei sana uma das conhecidas disfuncionalidades da LIA que era a improbidade decorrente da mera violação a princípios (art. 11). Com efeito, para que se possa detectar improbidade, deve conjugar-se esta violação de princípios ao descumprimento de uma regra objetiva[177]. Todavia, outros doutrinadores não descartavam a mera violação a princípios como passível de incidência do art. 11, por violação da juridicidade[178].

[177] OSÓRIO, op. cit.

[178] GARCIA, Emerson; ALVES, Rogério Pacheco. **Improbidade administrativa**. 7. ed. rev., atual. e amp. São Paulo: Saraiva, 2014.p. 397.

Essa lei tem origem na nossa gênese do Direito Administrativo centrado numa Administração Pública agressiva, autoritária e repressiva, explicando assim muito dos problemas pelos quais passamos hoje. Em face das tensões entre burocracia e política a ampliação dos poderes das estruturas burocráticas tende a aumentar seu raio de atuação e consequentemente de punição. O combate à improbidade em detrimento de outros bens e valores constitucionais agrava-se na medida em que parcela da sociedade civil parece abrir mão de seus direitos individuais e deseja entregar-se irrestritamente aos caprichos do Estado, sob a velha máxima inquisitorial: quem não deve, não teme.

Nesse cenário, o combate à corrupção foi eleito, na última quadra da história, o principal objetivo fundamental da República Federativa do Brasil, sobrepondo-se, inclusive, aos descritos no art. 03º da CR, a saber: "I – construir uma sociedade livre, justa e solidária; II – garantir o desenvolvimento nacional; III – erradicar a pobreza e a marginalização e reduzir as desigualdades sociais e regionais e IV – promover o bem de todos, sem preconceitos de origem, raça, sexo, cor, idade e quaisquer outras formas de discriminação."[179] E sem engano, devemos enfatizar que o combate à corrupção pura e simplesmente foi e é bandeira de movimentos contrários à liberdade individuais e tornam-se cavalos de Troia para a sociedade[180].

[179] CONSTITUIÇÃO, op. cit.

[180] No livro "Como Funciona o Fascismo" do autor Jason Stanley, para uma compreensão da sociedade e do meio em que vivemos, o autor pontua dez características para que uma sociedade seja considerada ou tendente ao fascismo, sendo dois deles:
A Propaganda – É difícil promover um tipo de política que irá prejudicar um grande número de pessoas diretamente. O papel da propaganda política é ocultar os objetivos problemáticos de políticos/movimentos políticos, mascarando-os com ideais amplamente aceitos. Corrupção para o fascista consiste na corrupção da pureza e não da lei. Divulgar falsas acusações de corrupção enquanto se envolve em práticas corruptas é típico da política fascista, bem como, as campanhas anticorrupção estão no centro de movimentos políticos fascistas. Políticos fascistas geralmente condenam a corrupção do Estado que querem assumir, os nazistas utilizaram muito essa estratégia. A política fascista ataca o Estado de Direito em nome do combate à corrupção, mas ela também quer proteger a liberdade individual, mas essas liberdades dependem da opressão de determinados grupos. Também descredibilizam a mídia tradicional para dizerem que eles estão escondendo "a verdade".
Lei e Ordem – Um Estado democrático saudável é governado por leis que tratam os cidadãos de forma igual e justa, apoiados por laços de respeito mútuo entre as pessoas, incluindo aqueles responsáveis de policiá-los. A retórica fascista consiste em dividir os cidadãos em

Um país cujo principal objetivo nacional seja o combate à corrupção e a improbidade jamais poderão realizar os objetivos nacionais expressos no artigo 03º da Constituição. Evidente que se deve combater a corrupção. Nem gastaremos rios de tinta para concordar que a corrupção sistêmica é responsável por muitos atrasos e mazelas de uma nação. Evidente que a corrupção e a improbidade têm reflexos na busca do desenvolvimento nacional. Mas este permanente combate não pode ocupar um protagonismo tal qual tenhamos de abdicar de outras prioridades e valores constitucionais.[181]

duas classes: aqueles que fazem parte da nação escolhida e aqueles que não fazem parte. Ao descrever os americanos negros como uma ameaça a Lei e Ordem, os demagogos nos E.U.A conseguiram criar uma forte noção de identidade nacional branca que requer proteção contra a "ameaça" não branca. Fato similar é utilizado intencionalmente para criar distinções entre amigo e inimigo com base no medo, a fim de unir as populações contra os imigrantes. O Nazismo utilizou o método mais comum de semear o medo sobre um grupo minoritário: a ameaça a lei e a ordem. Assim, começaram a se livrar dos judeus que ameaçavam a lei e utilizaram até multas de trânsito como antecedente criminal. A princípio os próprios judeus alemães não acreditavam que isso estava ocorrendo, porque eles próprios não se consideravam criminosos. A palavra "criminoso" possui um significado paralelo: pessoas propensas a violar a lei por interesse próprio ou maldade. Psicólogos estudaram a prática que chamam de viés linguístico intergrupal: tendemos a descrever as ações daqueles que consideramos "um de nós" bem diferente daqueles que consideramos "eles". Se um amigo roubar uma barra de chocolate, temos a tendência de descrever como algo banal, leviano, mas se quem roubou não pertence a nosso grupo a nossa tendência é descrever de forma mais abstrata, atribuindo laços de caráter ruim a pessoa que a realizou. A linguagem é uma importante ferramenta para a política fascista, eles utilizam a propaganda para semear ideias de medo e que se nada for feito, o outro grupo vai contaminar a nossa raça, por exemplo, através do estupro de nossas mulheres ou de nossa sociedade de diferentes maneiras. STANLEY, Jason. **Como funciona o fascismo: A política do "nós" e "eles"**. 1. ed. New Haven: L&PM, 2018. 208 p. ISBN 8525438294.

[181] O WJP - World Justice Project divulgou levantamento que avalia o Estado de Direito em 139 países e jurisdições. O relatório foi o primeiro publicado desde a instauração da pandemia da covid-19. O Brasil não se saiu bem: nosso país está na penúltima posição no que se refere a um sistema criminal imparcial (posição 138º), só ficando na frente da Venezuela. No ranking global sobre a Justiça Criminal, o Brasil está na posição 112º, atrás do Paquistão (108º); Serra Leoa (100º) e Nigéria (83º). A pesquisa avaliou sete medidores, posicionando os países em cada um deles. Além da Justiça Criminal, o levantamento também avaliou outros fatores, tais como Restrições aos Poderes Governamentais; Ausência de Corrupção; Governo Aberto; Direitos Fundamentais; Ordem e Segurança; Cumprimento Regulatório e Justiça Civil. A pontuação geral do Estado de Direito no Brasil sofreu uma redução de 2,9% no

É nesse contexto de protagonismo do uso desenfreado das ações de improbidade que o gestor público se encontra acuado e indefeso contra os excessos do Estado. As razões para o pânico são as mais diversas, a exemplo da indisponibilidade do seu patrimônio pessoal enquanto tramitarem as respectivas ações de improbidade, o que podia perdurar por incontáveis anos, em valores muito superiores ao suposto dano, indisponibilidade prodigamente determinada pelo Poder Judiciário, que tem medo de ser acusado de ter deixado o ímprobo escapar ileso, razão esta que, no fundo, explica porque o Superior Tribunal de Justiça vinha admitindo que a indisponibilidade de bens não necessitava da demonstração de dano irreparável e que o *periculum in mora* era presumido em lei em razão da gravidade do ato.

O entendimento corrente era que, enquanto persistir a indisponibilidade de bens, não se está a prejulgar a matéria, mas apenas asseguraria a futura reparação dos danos em caso de vir a ser demonstrada a ocorrência de improbidade.

O principal problema com esta lógica é que a indisponibilidade recaía sobre vasta extensão patrimonial, pouco importando se referido patrimônio era anterior à alegada prática de improbidade, e ainda considerando o longo trâmite das ações de improbidade que podem perdurar por anos ou por mais de uma década, fazendo com que o acusado sequer tivesse como patrocinar adequadamente sua defesa, pois a indisponibilidade de bens impedia que possa utilizar plenamente do seu patrimônio para custear advogados.

Tal ponto foi dirimido no art. 17 § 20 do novel dispositivo que obriga a assessoria jurídica que emitiu o parecer atestando a legalidade prévia dos atos administrativos praticados pelo administrador público fica obrigada a defendê-lo judicialmente, caso este venha a responder ação por improbidade administrativa, até que a decisão transite em julgado. Isso coloca

índice. Posicionado no 77º lugar de 139 países e jurisdições em todo o mundo, o Brasil caiu três posições na classificação global. A pontuação do Brasil o coloca na 16ª de 32 países na região da América Latina e Caribe e em 20º lugar de 40 entre os países de renda média alta. **BRASIL ocupa 2º lugar para a Justiça Criminal mais parcial do mundo:** No ranking global que avalia a qualidade da Justiça Criminal, o Brasil está na posição 112º, atrás do Paquistão (108º); Serra Leoa (100º) e Nigéria (83º). Migalhas, [*s. l.*], ano 2022, 25 jan. 2022. Disponível em: https://www.migalhas.com.br/quentes/358578/brasil-ocupa-2-lugar-para-a-justica-criminal-mais-parcial-do-mundo. Acesso em: 26 jan. 2022.

a defesa de forma obrigatória, contudo não resolver como a assessoria jurídica será paga caso seja privada.

A jurisprudência, através do julgamento do Recurso Especial n. 1.366.721/BA[182], assentou ser suficiente para decretação da indisponibilidade de bens quando houver fortes indícios na prática de atos ímprobos, sendo o perigo presumido nestas hipóteses, aduzindo ainda que não é razoável exigir comprovação de atos concretos que visem dissipar o patrimônio, com graves prejuízos aos acusados.

O Código de Processo Cívil, em relação às ações de improbidade, destaca-se o inciso II do art. 311 do CPC, que prevê que a concessão da tutela de evidência poderá ser concedida se: "II – as alegações de fato puderem ser comprovadas apenas documentalmente e houver tese firmada em julgamento de casos repetitivos ou em súmula vinculante". Portanto, não basta mera verossimilhança ou fortes indícios de improbidade[183] para indisponibilidade dos bens do indivíduo.

Assim sendo, dever-se-ia decretar a indisponibilidade de bens quando existisse certeza de fato e direito, tal qual prescrito no CPC. Todavia, apesar da norma, persistem os tribunais em aplicar o entendimento anterior, fragilizando a mais não poder os direitos fundamentais dos acusados de improbidade, que têm seu patrimônio indisponível por incontáveis anos. Em verdade, ainda que não dito explicitamente, a premissa do Poder Judiciário é que o administrador sempre age de má-fé, sob o falacioso argumento que *in dubio pro societate*.

Vale mencionar que o que leva ao medo não é apenas a grave e irrestrita indisponibilidade patrimonial, mas o efetivo risco de condenação, pois, uma vez seja apenas acusado de improbidade, o gestor passa para aquele rol de acusados que geram certa comoção e ódio em suas comunidades. Assim antes da condenação de fato, a mera pecha de ímprobo faz com que

[182] BRASIL. Superior Tribunal de Justiça. (1. Seção). Recurso Especial nº 1.366.721/BA. Relator: Min. Napoleão Nunes Maia Filho. Relator p/ Acórdão Min. Og. Fernandes, 26 fev. 2014. DJe 19.set. 2014.

[183] HARGER, Marcelo. A indisponibilidade de bens em ação de improbidade administrativa após a vigência do novo CPC. Revista Colunistas – Direito do Estado, Salvador, n. 359, 2017. Disponível em: http://www.direitodoestado.com.br/colunistas/marcelo-harger/aindisponibilidade-de-bens-em-acao-de-improbidade-administrativa-apos-a-vigencia-donovo-cpc . Acesso em: 18 fev. 2021.

seu processo seja julgado com forte carga pejorativa no plano dos valores sociais.

Para completar, o quadro de justificado terror que sente ou deveria sentir o acusado por improbidade – eis que a Lei de Improbidade efetivamente possibilita o enquadramento das condutas mais diversas nos seus tipos fazendo com que os juízes condenem em profusão aos acusados de improbidade. Outra grave insegurança jurídica que fora sanada com o novel texto da LIA, trata-se da alegada imprescritibilidade das ações de improbidade.[184] Com efeito, o que ocorria era que mesmo passadas décadas do tempo em que praticou atos administrativos, o gestor ou seus sucessores estão sujeitos à interposição de ações de improbidade por alegada imprescritibilidade do dano ao erário supostamente prevista no art. 37, § 5º, da Constituição da República[185], criando um martírio sem fim do gestor público sobre os atos cometidos no passado.

O novel texto da LIA acaba por eliminar o julgado pelo Supremo Tribunal Federal, sobre o Tema 897, que tratava da prescritibilidade da pretensão de ressarcimento ao erário em face dos agentes públicos por atos de improbidade administrativa (RE 852.475, Rel. Min. Alexandre de Moraes)[186], que consolidou a imprescritibilidade do ressarcimento nas ações de improbidade, assim sintetizando o tema em repercussão geral: "São imprescritíveis as ações de ressarcimento ao erário fundadas na prática de ato doloso tipificado na lei de improbidade administrativa".

Porém apesar dos graves problemas estruturais da LIA, é necessária entendermos o que seja o conceito de improbidade que permita uma

[184] Nos termos do art. 23, a ação para a aplicação das sanções decorrentes da ação de improbidade administrativa prescreverá em oito anos (prazo único), contados a partir da ocorrência do fato ou, no caso de infrações permanentes, do dia em que cessou a permanência. (Antes o prazo era de até cinco anos após o fim do mandato do acusado. Destaque ainda para a introdução da prescrição intercorrente: "§ 8º O juiz ou o tribunal, depois de ouvido o Ministério Público, deverá, de ofício ou a requerimento da parte interessada, reconhecer a prescrição intercorrente da pretensão sancionadora e decretá-la de imediato, caso, entre os marcos interruptivos referidos no § 4º, transcorra o prazo previsto no § 5º deste artigo".

[185] De acordo com o artigo 37, parágrafo 5º da Constituição, a lei estabelecerá os prazos de prescrição para ilícitos praticados por qualquer agente, servidor ou não, que causem prejuízos ao erário, ressalvadas as respectivas ações de ressarcimento. Logo, concluiu-se que ações de ressarcimento ao erário pela LIA eram imprescritíveis.

[186] BRASIL. Supremo Tribunal Federal. RE 852.475/SP. Relator: Min. Alexandre de Moraes,08 ago. 2018. DJe 018.

boa aplicação e possa minimizar o medo que justificadamente tem os administradores públicos.

3.1.1. A improbidade administrativa na Lei 8.429/1992 a partir da Constituição da República

A premissa é que o conceito de improbidade administrativa deve estar em consonância com o artigo 37, § 4º, da CR, que reza: "art. 37 (...) § 4º atos de improbidade administrativa importarão a suspensão dos direitos políticos, a perda da função pública, a indisponibilidade dos bens e o ressarcimento ao erário, na forma e gradação previstas em lei, sem prejuízo da ação penal cabível". Portanto, o conceito de improbidade advém da Constituição e merece contextualização, sob risco de ampliarmos em demasia seu conteúdo. Precisavámos do conceito constitucionalmente adequado de improbidade.

A LIA densificou o conceito de improbidade do art. 37, § 4º, da Constituição, deu-lhe amplitude muito superior à ideia de desonestidade, admitindo, a modalidade culposa. Assim, começa o principal erro ou tentativa de se resolver a improbidade de forma ineficiente, pois apesar do enunciado linguístico do dispositivo constitucional remeter para o legislador infraconstitucional a forma e a gradação da improbidade, em nenhum momento o texto constitucional afirmou que a LIA poderia ter sido ampliada os seu limites impostos.

Portanto, quando a LIA regulamentou a norma constitucional, exorbitou os limites materiais da Constituição[187], tornando as ações de improbidade como metralhadoras giratórias que exterminam sem seletividade.

O administrador honesto, que descumpre a lei por inépcia ou venha causar algum dano no exercício das suas funções, acabava sendo equiparado ao desonesto. E isso, conforme já afirmado no capitulo anterior, acaba por atrair a atitude ímproba do agente público, pois ele será racionalmente a visualizar que somente com os benefícios oriundos de um delito, o cargo público se torna atraente, pois para o gestor honesto trata-se de uma armadilha a sua carreira e bens.

Essa análise é complexa de se afirmar, mas fácil de entender com exemplos, pois ela é a conclusão de que a pena severa e sem seletividade

[187] GARCIA; ALVES, op. cit. p. 182.

pode influenciar o indívíduo de forma negativa a cometer mais delitos do que menos.

Se bem imaginamos o afirmado acima, à título ilustrativo, teremos que em certo país A, os cidadãos decidiram que, na tentativa de dissuadir o crime de latrocínio (roubo seguido de morte) não haveria gradação da pena, sendo ela sempre a pena de morte em qualquer caso. Certa vez, o banco principal deste país A foi assaltado por bandidos que, nos primeiros minutos do assalto mataram um guarda que resolveu enfrentar os mal-feitores. Haviam oito réfens no banco, e, diante desta lei mau pensada (seguindo a lógica somente de que maior a punição maior a dissuasão) a conclusão que chegaram foi que desde a morte da primeira vítima todos poderiam ser condenados pela pena de morte, logo a escolha racional a se fazer (sem contar o aspecto moral) é que deveriam matar todos os oitos réfens para dificultar a identificação dos meliantes, afinal não haveria diferença na morte de um ou oito deles.

Assim, aplicando os conceitos levantados no primeiro capítulo, os bandidos ao terem a pena extramamente elevadas (c), tentarão compensar na diminuição da probabilidade de serem pegos (p) para manterem o benefício do crime. Assim, também aje o agente público, pois ao ser tratado como agente ímprobo mesmo não o sendo (na tentativa ilusória do controle de aumentar a probabilidade de pegar mais agentes ímprobos), faz com que ele tenha três conclusões: (i) é necessário comparar o ganho que se tem sendo gestor público (salários, prestígios na carreira, etc) com os possíveis malefícios (penas pecuniárias e políticas, vexame social, mácula na carreira, etc); (ii) será uma preocupação constante e além do que realmente foi contratado a fazer; (iii) mais vale ser realmente um agente ímprobo, pois só assim conseguiria aumentar "b" da equação.

Assim, fica provado que o conceito da improbidade administrativa, ao adquirir dimensão tão ampla, torna-se absolutamente disfuncional, e, sob seu manto, as condutas mais díspares são niveladas, devendo todos enquadrar-se no Leito de Procusto. Por certo que isto gera absoluta aversão ao risco no gestor honesto, e ponderação de custo-benefício do gestor ímprobo, porque, no momento que qualquer erro passa do mero ressarcimento civil, afetando desproporcionalmente o patrimônio do agente e demais consectários legais, com reflexos nos seus direitos políticos e ao cargo que exerce, faz com que só torne-se, racionalmente vantajoso ao agente público se o mesmo cometer improbidades e, com isso, se loclupetar com o erário público.

É bom esclarecer que o presente trabalho não defende que os agentes públicos sejam ímprobos, somente quer expor, de forma acadêmica, a lógica endêmica que perpassa o ambiente gerencial do Estado brasileiro. Essa lógica de pensamento, não converte em ímprobo o agente honesto, porém o afasta dos cargos mais importantes da República (ordenação de despesas, gestão, diretoria, superintendência, etc), ficando e atraindo os agentes dispostos a correrem o alto risco de serem enquadrados na LIA, porque compensarão este risco cometendo e ganhando benefícios impróprios devido aos atos de improbidades numa escala que lhe valerá o risco.

Esse pensamento é o que um ser racional indiferente a moralidade e ao possível vexame social pela pecha de ser tachado como ímprobo ou corrupto. Discordamos, portanto, do posicionamento de Fabio Medina Osório[188] ao entender que a improbidade é espécie de má gestão pública, aproximando no seu conceito condutas dolosas e culposas, ainda que alegue existir diferença entre grave desonestidade funcional e grave ineficiência funcional. É evidente que, num sentido amplo, todo fenômeno que implique em consequências negativas para boa gestão pública pode ser espécie do gênero: má gestão pública.

Corrupção, improbidade e ineficiência administrativa são exemplos de má gestão pública em sentido muito amplo, contudo o conceito de improbidade com os contornos constitucionais que lhe são inerentes são muito diferentes de uma má gestão pública no sentido de uma genérica má administração[189] ou de uma administração ineficiente.

Vale mencionar que acerta Fábio Medina Osório ao afirmar que "a improbidade não se identifica com a mera imoralidade, mas requer, isto sim, uma imoralidade qualificada pelo direito administrativo."[190]. Portanto, má gestão, corrupção, ineficiência e improbidade administrativa, a despeito das consequências danosas que trazem à Administração Pública, são fenômenos ontologicamente distintos, não comportando classificação de um gênero do qual resultam espécies. A percepção da improbidade num

188 OSÓRIO, op. cit. p. 87.

189 SANTOS, Rodrigo Valgas dos. **Direito Administrativo do Medo: Risco e Fuga da responsabilização dos agentes públicos**. 1. ed. São Paulo: Revista do Tribunais, 2020. p. 178.

190 OSÓRIO. Op. Cit. Idem

contexto amplo de má gestão leva ainda a outro equívoco: acreditar que ineficiência possa ser algum tipo de desonestidade. Jamais o conceito de ineficiência pode confundir-se com o de improbidade.

Para que ineficiência fosse improbidade, seria necessário que a ação ou decisão ineficiente visasse malferir a probidade administrativa, ou seja, agir ineficientemente com o fito de praticar-se o ato administrativo ímprobo.

3.1.2. As ações de improbidade no Brasil

O expressivo número de ações de improbidade ajuizadas no Brasil aponta para duas interpretações possíveis: (i) há uma quantidade expressiva de ímprobos no país; (ii) é que este volume de ações de improbidade está relacionado aos problemas sistêmicos[191] da LIA e consequente falta de estratégia para que realmente consigam diminuir a improbidade administrativa.

O primeiro dado aqui exposto é o levantamento realizado pelo Conselho Nacional de Justiça – CNJ ao estabelecer a Meta 4 de 2021, cujo fito é acelerar o julgamento das ações de improbidade e ações penais relacionadas a crimes contra a Administração Pública.[192] Para atender a Meta 18 foram realizados diversos mutirões no âmbito das comarcas para acelerar o julgamento dos processos por improbidade, não raro afetando direitos e garantias fundamentais dos acusados, a exemplo dos frequentes julgamentos antecipados da lide, sem que o acusado possa produzir prova adequada em sua defesa, sob o argumento que a questão era apenas documental.

Os dados trazidos pelo CNJ afirmam que a Meta 4 voltada à celeridade na tramitação de processos relacionados à improbidade administrativa, aos crimes contra a Administração Pública e aos ilícitos eleitorais, desde 2013 (antiga Meta Nacional 18), comprometeram-se com a meta em 2019

[191] Trata-se do problema no fenômeno dos "efeitos sistêmicos", que se identificam e se analisam na dimensão jurídico-política que afeta o desempenho da atividade institucional e, consequentemente, dificulta a realização de direitos básicos. SUNSTEIN, Cass; VERMEULE, Adrian. ***Interpretation and Institutions***. Chicago Public Law and Legal Theory Working Paper Series, No. 28, 2002, no âmbito das instituições democráticas e no plano jurídico-político.

[192] **Justiça em Números.** Brasília: Conselho Nacional de Justiça, 1 jan. 2021. Disponível em: https://www.cnj.jus.br/pesquisas-judiciarias/justica-em-numeros/. Acesso em: 25 maio 2021.

o STJ e os segmentos da Justiça Estadual, da Justiça Federal, da Justiça Militar da União, da Justiça Militar Estadual e da Justiça Eleitoral. De forma específica, o STJ definiu julgar 99% das ações distribuídas até 31/12/2017 e 85% das ações distribuídas em 2018; a Justiça Federal: 70% das ações de improbidade administrativa e das ações penais relacionadas a crimes contra a Administração Pública distribuídas até 31/12/2017.

A partir de dados fornecidos pelos tribunais, o panorama nacional mostra que, de todo o passivo de 352.284 processos distribuídos, foram julgados 182.539 processos, o que representa 51,82% de julgamento. Desses julgados, 65.088 foram relacionados à improbidade administrativa, 117.364 aos crimes contra a Administração Pública e 87 aos ilícitos eleitorais. Em termos percentuais, percebe-se que o julgamento das ações penais relacionadas a crimes contra a Administração Pública foi maior que ações de improbidade administrativa e de ilícitos eleitorais, 67,37%, 54,72% e 36,58%, respectivamente.

No STJ, foram julgados 8.861 dos 10.811 processos distribuídos até 2018 na Meta 4. Desses, a maioria (10.360) era relativa a crimes contra a Administração Pública, e foram julgados 8.444 processos desse tópico. Em relação à improbidade administrativa, 451 foram distribuídos até 2018 e deles foram julgados 417. Na JMU, 743 processos foram distribuídos até 2018 e 639 julgados. A Justiça Estadual apresentou percentual de julgamento de 45,30%, 256.492 processos distribuídos até 2017 e 116.188 julgados. Desses, 52.970 de 157.379 foram relativos à improbidade administrativa, o que resultou em 33,66% de julgamento, e 63.218 processos julgados de crimes contra a Administração Pública de 99.113 processos, 63,78% de julgamento. A respeito da Justiça Federal, 56.293 processos foram julgados dos 83.602 distribuídos até 2018, ou seja, 67,33% de julgamento. Desses, 11.701 eram relativos à improbidade administrativa, de um passivo de 20.091, chegando a um percentual de 58,24% de julgamento. Dos crimes contra a Administração Pública o percentual de julgamento foi de 70,21%, 44.592 processos foram julgados de um passivo de 63.511 processos.

Estes expressivos números refletem-se de modo diverso nos nossos 26 estados federados. Os dados estatísticos apresentados nos permitem voltar à nossa premissa. Das duas uma: ou o Brasil tem uma quantidade avassaladora de ímprobos, ou é muito fácil ser acusado e condenado por improbidade administrativa. Quando tratamos dos problemas na interpretação e aplicação da Lei de Improbidade, a última opção parece mais acertada pela simples constatação que a LIA era estruturalmente e sistematicamente falha ao permitir que muitas condutas sejam a ela subsumidas por seus tipos abertos, além da jurisprudência construída sobre o tema ser bastante dura, possibilitando a condenação de milhares de agentes públicos com graves repercussões políticas e patrimoniais.

3.1.2.1. Casos de utilização da LIA

Para demonstrar concretamente as disfunções da LIA, adotaremos a metodologia de Paul Craig Roberts e Lawrence M. Stratton no livro: *The tyranny of good intentions*[193]. O texto é impactante e relata como o sistema de justiça norte-americano está sendo dilacerado por promotores, juízes e advogados em nome das boas intenções. Para tanto, os autores ilustram com casos concretos que colocam em xeque as garantias e bases legais do Direito estadunidense. Além disso, mostraremos como a análise econômica pode explicar este fenômeno jurídico.

Ao utilizarmos esta abordagem para a realidade brasileira na aplicação da Lei 8.429/92, a primeira crítica óbvia que se poderia fazer a esta opção metodológica é que ela é imprecisa por não destacar uma grande quantidade de casos onde a LIA pode ter sido utilizada de forma a corrigir o e prevenir o delito.

Ao destacar os casos, o intuito é mostrar que eles são possíveis, logo sendo eles existentes em alguns lugares provam que a LIA não estava sendo interpretada de forma a favorecer a sociedade, mesmo que isso não seja comum, pois só o fato de já existirem merece a nossa atenção para que consigamos entender o problema e consertá-lo. A função de apontar os erros é justamente para evitar que sejam mais frequentes e recobrar a racionalidade do sistema.

Portanto, ao destacar um aspecto caricato no aforamento e condenações por improbidade, queremos demonstrar de modo distópico – mas com lastro na realidade – que isto ocorre e que devemos tomar todas as cautelas para que tal proceder não se torne a regra.

E caso sejam problemas mais corriqueiro, os números de ações de improbidade e levantamentos estatísticos apresentados anteriormente,

[193] ROBERTS; STRATTON, Op. Cit.

mostram o expressivo número de procedimentos investigatórios conduzidos pelo MP prévios para fins de apuração de improbidade, ou de ações de improbidade efetivamente aforadas, fazendo com que o administrador público já gaste considerável tempo da sua gestão para responder a procedimentos investigativos e as próprias ações de improbidade, o que já vem a demonstrar que o problema é existe e com fortes consequências na gestão pública.

No Brasil, proliferam sem maior rigor técnico as teorias jurídicas da "cegueira deliberada, do dano *in re ipsa*, da teoria do "domínio do fato"[194] no âmbito das condenações por improbidade, alargando-se demasiadamente – sem qualquer suporte normativo consistente – a incidência aparentemente correta da LIA. Neste caso, a regra é não estar diante de casos manifestamente caricatos ou equivocados na aplicação da LIA, mas dar esfarrapada roupagem de legalidade nas condenações por improbidade. É dizer: a suposta exceção nas condenações por improbidade talvez seja a regra. Vejamos alguns casos concretos onde a aplicação da Lei 8.429/92 tem levado a profundas distorções nas condenações por improbidade administrativa.

3.1.2.1.1. Casos de aplicação da LIA pelo STJ

Assim, nesta mesma linha de interpretação esgarçada da LIA, os ministros do Superior Tribunal de Justiça – STJ aplicam o conceito de dano *in re ipsa*, cuja incidência parte da premissa que a mera ilegalidade que difere enormemente da improbidade, já seria suficiente para produzir dano, ainda que sequer tenha sido demonstrado o efetivo prejuízo erário. Trata-se, por exmplo, da condenação por improbidade por frustação ao procedimento licitatório por contratação irregular de empresa prestadora de serviços.

Diante da irregularidade na contratação, a premissa é que deixou de contratar-se a melhor proposta, ensejando assim o dano *in re ipsa*, que decorre da própria ilegalidade da contratação, descabendo, inclusive, comprovação de superfaturamento ou má-prestação dos serviços contratados. O caso foi apreciado pelo STJ no AgInt no REsp 1598594/RN, Rel. Min. Sérgio Kukina, Dje. em 21.06.2018.[195]

194 Estes termos e conceitos serão melhor explicados ao longo do capítulo.

195 ADMINISTRATIVO. IMPROBIDADE ADMINISTRATIVA. AGRAVO INTERNO NO RECURSO ESPECIAL. FRAUDE EM PROCEDIMENTO LICITATÓRIO. DANO IN RE IPSA.

O caso em exame trata do dano decorrente da frustação do procedimento licitatório, que em tese evidenciaria conduta no mínimo culposa, atraindo a incidência do art. 10 da LIA e a consequente condenação por improbidade administrativa. O problema é que aos olhos dos tribunais brasileiros, frustrar a licitude do processo licitatório (art. 10, VIII, da Lei de Improbidade) é algo bastante fácil, bastando condutas culposas, por vezes não se exigindo a necessária culpa grave.

Para proceder-se tais condenações já é suficiente a mera presunção do dano, pouco importando se houve dano econômico mensurável, eis que dano *in re ipsa* é presumível, em equívoca confusão entre mera ilegalidade e improbidade. O dano *in re ipsa* tem sido utilizado como ferramenta para tipificar no art. 10 que literalmente admitia condutas culposas no seu *caput*, condutas que poderiam ser enquadradas no art. 11, que exigem apenas dolo, de modo a permitir a condenação por improbidade pretensamente culposa, por uma culpa presumida.

ART. 10 DA LIA. ELEMENTO SUBJETIVO CULPOSO. CARACTERIZAÇÃO. 1. Nos casos em que se discute a regularidade de procedimento licitatório, a jurisprudência desta Corte é no sentido de que a contratação irregular de empresa prestadora de serviço gera lesão ao erário, na medida em que o Poder Público deixa de contratar a melhor proposta, dando ensejo ao chamado dano in re ipsa, decorrente da própria ilegalidade do ato praticado, descabendo exigir do autor da ação civil pública prova a respeito do tema. Trata-se de dano jurídico derivado de previsão legal expressa, não dependente, portanto, da comprovação de que houve superfaturamento ou má-prestação do serviço ora contrato. 2. No tocante à controvérsia em torno do elemento anímico e motivador da conduta da parte acusada, a jurisprudência desta Corte considera indispensável, para a caracterização de improbidade, que a atuação do agente seja dolosa, para a tipificação das condutas descritas nos artigos 9º e 11 da Lei 8.429/1992, ou pelo menos eivada de culpa, para as condutas elencadas no artigo 10 (EREsp 479.812/SP, Rel. Ministro Teori Albino Zavascki, Primeira Seção, julgado em 25.8.2010, DJe 27.9.2010). 3. Para haja condenação pela prática de ato administrativa que causa lesão ao erário, é suficiente a existência de ação ou omissão do agente público capaz de causar, ainda que involuntariamente, resultado danoso ao patrimônio público, o qual poderia ter sido evitado caso tivesse empregado a diligência devida pelo seu dever de ofício. 4. No caso dos autos, restaram claramente demonstrados a frustração do procedimento licitatório (com o consequente prejuízo ao erário) e conduta no mínimo culposa da recorrente, o que, nos termos da jurisprudência do Superior Tribunal de Justiça, é suficiente para caracterizar o ato de improbidade administrativa de que trata o art. 10 da Lei nº 8.429/92. 5. Agravo interno a que se nega provimento. BRASIL. Superior Tribunal de Justiça. AgInt no REsp 1598594/RN, 9ª Câmara de Direito Público. Rel. Min. Sérgio Kukina, Dje. em 21.06.2018.

No capítulo anterior, ao tratarmos das estratégias de fuga da responsabilização, mencionamos que geralmente o agente público delega as tarefas sobre licitações a servidores efetivos, no máximo permitindo que secretários municipais possam deflagrar ou homologar o certame, mas nunca o faz pessoalmente, para evitar ações de improbidade desnecessárias. De preferência, o recomendável é que os chefes dos executivos não visitem ou dialoguem com as Comissões Permanente de Licitação ou Pregoeiros, para manter-se distante de uma das maiores causas de condenação por improbidade no Brasil. As condenações por dano *in re ipsa* estão cada vez mais frequentes no Brasil, sendo muito preocupante o seu incremento nos tribunais.

E isto causa ao erário público mais prejuízo do que benefício, pois ao aceitar o dano *in re ipsa* sem ter sido demonstrado o efetivo prejuízo erário, pode acarretar em ações (com todos os gastos inerentes: salário de funcionário; estrutura dos fóruns; etc) que onerarão o Estado para reaver um dano que não se concretizou.

Logo, é minimamente mais eficiente verificar se houve dano ao erário antes da entrada da ação de Improbidade e se possível a celebração de um acordo de não persecução cível, desde que dele advenham o integral ressarcimento do dano e a reversão da vantagem indevida obtida à pessoa jurídica lesada, nos moldes do novo art. 17-B da LIA.

Outro ponto a ser comentado, é que antes da alteração legislativa de outubro de 2021, o STJ foi realizada uma análise de dados sobre a Improbidade Administrativa neste tribunal em 2019[196], pois com a Reforma do Poder Judiciário realizada pela Emenda Constitucional nº 45/2004 e o advento dos institutos da repercussão geral e da súmula vinculante, o acesso ao Supremo Tribunal Federal ficou mais restrito, dando ao Superior Tribunal de Justiça, na prática, a última palavra em milhões de ações judiciais sobre licitações, contratos administrativos,

[196] A pesquisa contou com a participação de oito pesquisadores sob a coordenação de Pedro Paulo Alves Corrêa dos Passos, Liana Claudia Hentges Cajal, Túlio da Luz Lins Parca, Dijeison Tiago Rios Nascimento, Rafael Bonassa Faria, Matheus Soares Salgado Nunes de Matos, Isis Negraes Mendes de Barros e Renan Carvalho Teodoro. CARNEIRO, Rafael Araripe. **STJ em números: improbidade administrativa: Pesquisa analisa o perfil decisório do Superior Tribunal de Justiça em ações de improbidade administrativa.** Jota, São Paulo, 6 jun. 2020. Disponível em: https://www.jota.info/opiniao-e-analise/artigos/stj-em-numeros-improbidade-administrativa-06062020. Acesso em: 23 dez. 2021.

falências e o tema improbidade administrativa figura entre os dez maiores assuntos do acervo do Superior Tribunal de Justiça, com 4.037 processos em 2019.

Quando considerados os órgãos do STJ que julgam matérias de direito público (1ª Seção e 1ª e 2ª Turmas), a improbidade administrativa está na segunda colocação dos principais assuntos, com 3.347 processos. Uma rápida busca no repositório de jurisprudência do STJ encontra mais de 4.800 acórdãos e 37 mil decisões monocráticas sobre "improbidade administrativa".

Vozes respeitadas como a de Gilson Dipp, ministro aposentado do STJ, ressaltam a falta de parâmetros, na lei e na jurisprudência, para a dosimetria das sanções por improbidade administrativa, o que pode resultar em baixa punição para casos graves e penalidades excessivas em situações de baixa lesividade.[197] Segundo a Lei n. 8.429/92, o Ministério Público ou a pessoa jurídica lesada poderá propor ação de improbidade administrativa. A pessoa jurídica lesada pode integrar a administração direta ou indireta de qualquer dos Poderes da União, Estados, Distrito Federal e Municípios, e também pode ser uma entidade privada que receba recursos públicos. Dessa forma, a Lei de Improbidade Administrativa incidirá onde houver a presença de organizações públicas *latu sensu* ou onde houver dinheiro público, conforme ensina Fábio Medina Osório.[198] Esses serão, portanto, os demandantes nas ações de improbidade administrativa, que vamos denominar parte pública.

No lado oposto da ação de improbidade administrativa estará o agente público a quem se atribui o ato ímprobo e os terceiros que dele tenham participado ou se beneficiado. Vamos nos referir a eles como parte privada, já que a Lei de Improbidade Administrativa visa a responsabilização pessoal dos agentes ímprobos, que poderão responder com seu próprio patrimônio, perder o cargo público e ter seus direitos políticos suspensos caso condenados. Considera-se agente público todo aquele

[197] DIPP, Gilson. A dosimetria das sanções por improbidade administrativa *in* Doutrina: edição comemorativa 30 anos. Brasília: Superior Tribunal de Justiça, 2019, p. 291. Disponível em: <**https://ww2.stj.jus.br/docs_internet/revista/eletronica/revista_doutrina_dos_30_anos.pdf**>.

[198] OSÓRIO, Fábio Medina. Teoria da improbidade administrativa: má gestão pública: corrupção: ineficiência. 4. ed. São Paulo: Thomson Reuters, 2018, p. 21.

que exerce, ainda que transitoriamente ou sem remuneração, atividade em nome do Estado ou a serviço do Estado, em todos os seus níveis hierárquicos.

O STJ possui entendimento pacificado de que "é inviável a propositura de ação civil de improbidade administrativa exclusivamente contra o particular, sem a concomitante presença de agente público no polo passivo da demanda." Portanto, sempre haverá um agente público como demandado na ação de improbidade administrativa. A demanda também pode voltar-se também contra terceiros que tenham induzido ou concorrido para a prática do ato ímprobo, ou dele se beneficiado. É o caso, por exemplo, de empresas que contratam com a Administração Pública.

A parte que discorde da solução jurídica adotada pelo Tribunal de Justiça estadual ou Tribunal Regional Federal tem a faculdade de recorrer ao STJ. Os recursos podem discutir o recebimento da inicial da ação de improbidade administrativa, o bloqueio cautelar de bens, o afastamento do cargo público, a condenação ou absolvição por ato de improbidade administrativa, a majoração ou redução das sanções, prescrição.

A pesquisa constatou que 46,18% dos recursos da parte pública (Ministério Público e Administração Pública) tiveram provimento total ou parcial perante o STJ no período analisado (2005-2017), ante 23,67% de provimento da parte privada (gestores públicos e empresas).

Contudo, a análise dos resultados compilados dos últimos anos (2014 a 2017), com as composições mais atuais do tribunal, retrata que a diferença da taxa de sucesso entre as partes foi significativamente reduzida, sendo que no período mais recente o êxito médio da parte pública de 19,67% e da parte privada, 16,3%.

Figura 04 – Taxa de sucesso entre as partes pública e privadas entre 2014-2017.

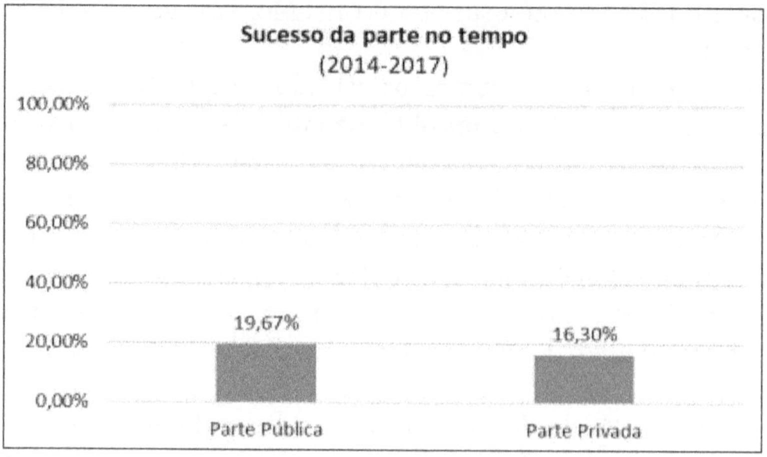

Interessante notar que a taxa de sucesso da parte pública no STJ costumava ser maior do que 50% entre 2005 e 2010 e vem caindo bastante no decorrer do tempo, mantendo-se no patamar próximo a 20% desde 2012. A parte privada manteve taxa de sucesso na faixa de 20 a 40% desde 2005 e esse patamar foi reduzido para menos de 20% nos últimos anos, como revela a imagem a seguir.

Figura 05 – Taxa de sucesso no tempo entre as partes pública e privadas entre 2005-2017.

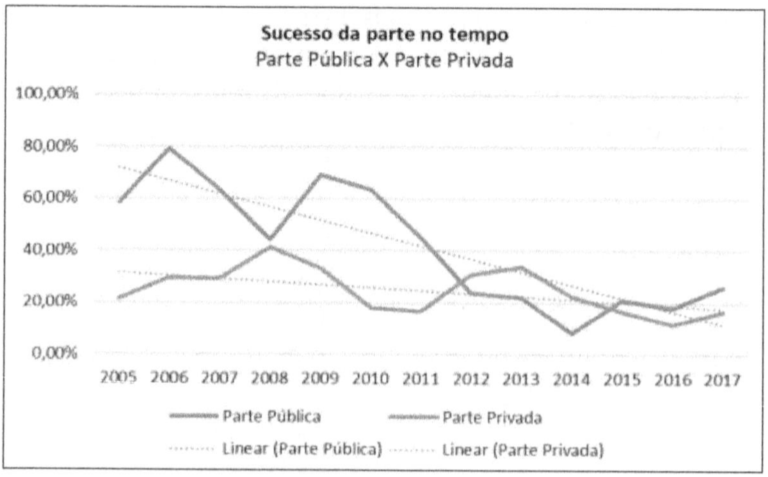

Já a imagem abaixo permite comparar o desempenho de cada um dos recorrentes nas ações de improbidade administrativa. No lado público, os recursos do *Parquet* apresentaram desempenho levemente melhor (47,14% de êxito) dos que os apelos dos advogados públicos (41,67% de sucesso). No lado privado, a taxa de sucesso das empresas foi de 29,41%, enquanto o êxito dos agentes públicos foi de 22,22%.

Figura 06 – Taxa de desempenho de cada um dos recorrentes nas ações de improbidade administrativa.

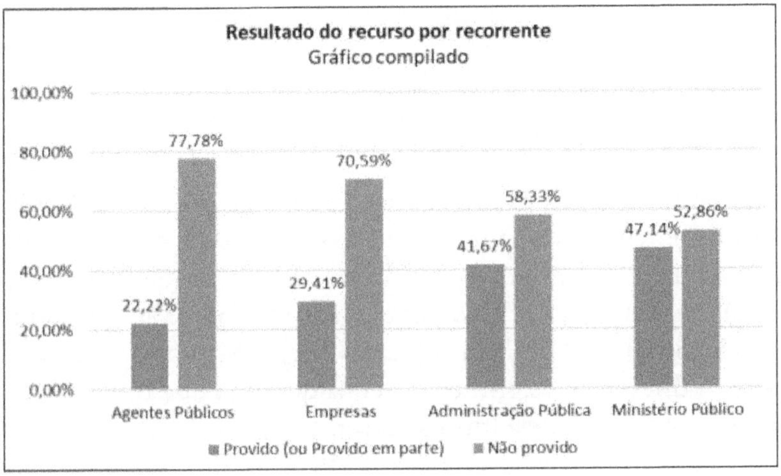

Outra curiosidade foi saber se há diferença da taxa de êxito no STJ do Ministério Público Federal em comparação com os Ministérios Públicos Estaduais. Os *Parquet* estaduais são partes nas ações de improbidade administrativa de competência da justiça estadual, enquanto o MPF é parte quando existe interesse da União, entidade autárquica ou empresa pública federal.

Os MPs estaduais obtiveram sucesso em 50% dos recursos. Foram exatamente 103 casos de provimento parcial ou total e 103 casos de não conhecimento ou desprovimento. Por sua vez, a taxa de êxito dos recursos do MPF foi de 25%, apenas a metade dos *Parquet* estaduais.

Figura 07 – Provimento dos Recursos interpostos pelo Ministério Público Estadual *versus* o Ministério Público Federal.

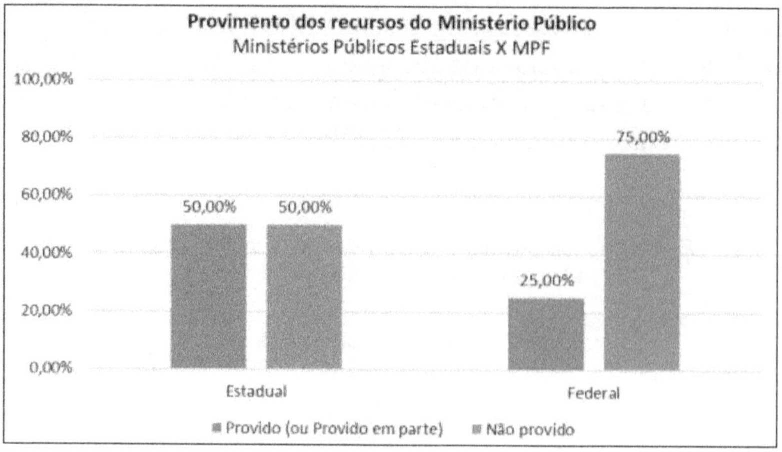

Analisaram também as diferenças de sucesso dos vários Ministérios Públicos Estaduais. A linha de corte foi o mínimo de 8 recursos de cada MP. O *Parquet* do Rio Grande do Sul foi o mais exitoso (68,12% de recursos providos), seguido pelo MP de Santa Catarina (58,33%), MP do Rio de Janeiro (55,56%), MP de Minas Gerais (38,33%) e o MP de São Paulo (32,14%). A diferença é significativa considerando que todos os recursos tratavam de improbidade administrativa.

Figura 08 – Provimento dos Recursos interpostos pelo Ministério Público Estadual pode Estado da federação.

Viram na 1ª parte da pesquisa que as súmulas 7/STJ e 284/STF são causas relevantes de insucesso dos recursos interpostos em ações de improbidade administrativa. O gráfico abaixo mostra que a parte privada – agentes públicos e empresas – é muito mais atingida pela Súmula 7/STJ do que o lado público – MP e Administração Pública. 34,39% dos recursos dos agentes públicos não foram conhecidos por força da Súmula 7/STJ, ante 31,58% das empresas, 20,24% do MP e 11,54% da Administração Pública. Portanto, o recurso de um agente público condenado por ato de improbidade administrativa tem três vezes menos chances de sucesso pela Súmula 7/STJ do que o recurso interposto pela Administração Pública.

Figura 09 – Aplicação da Súmula 7 do STJ por recorrente.

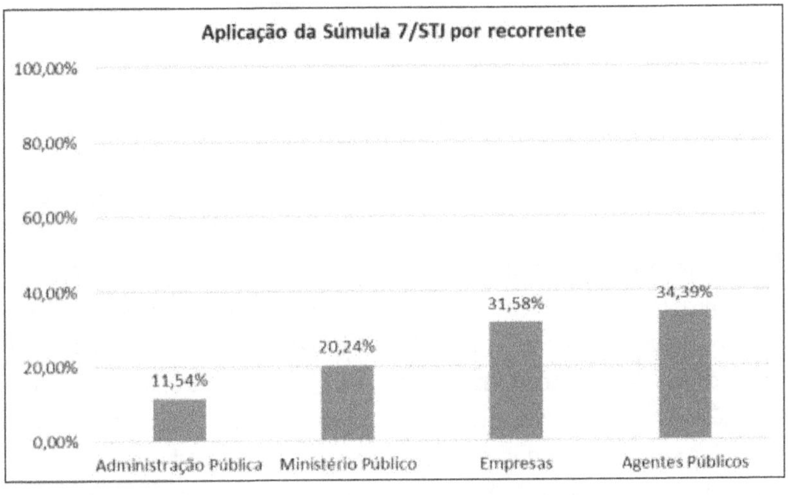

Interessante notar também que os recursos do MP sofrem significativamente mais com a Súmula 7/STJ do que os apelos da Administração Pública (20,24 x 11,54%). Já a Súmula 284/STF foi aplicada em 8,2% dos recursos dos agentes públicos, 7,69% da Administração Pública, 2,83% do Ministério Público e a nenhum dos 19 recursos das empresas analisados. A incidência dessa súmula tem relação direta com a qualidade técnico-jurídica do trabalho dos patronos, pois resulta da deficiência da fundamentação do recurso que impede a exata compreensão da controvérsia.

Figura 10 – Aplicação da Súmula 284 do STJ por recorrente.

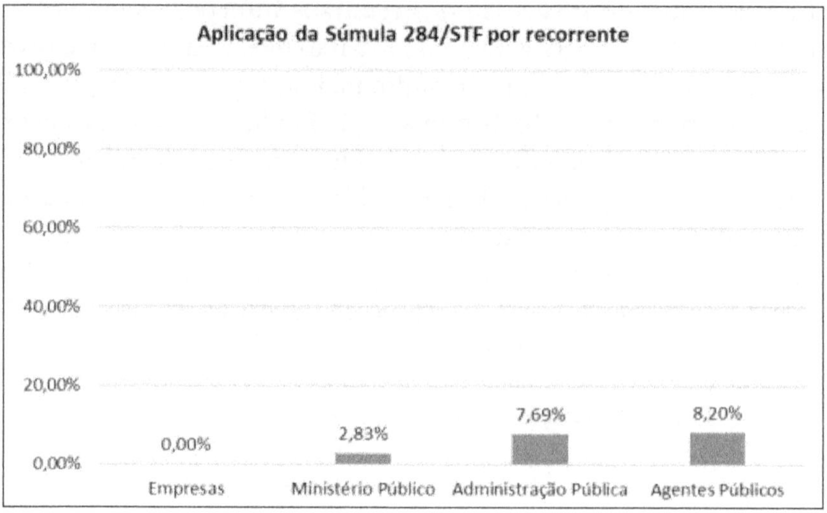

Isso evidencia, portanto, que o Ministério Público e a Administração Pública obtiveram quase o dobro de sucesso no STJ em comparação com agentes públicos e empresas no período de 2005 a 2017 (46,18% ante 23,67%), embora essa diferença tenha sido significativamente reduzida nos últimos anos, quando o êxito médio dos recursos da parte pública foi de 19,67% e da parte privada, 16,3%. Do lado público, o Ministério Público alcançou êxito levemente maior no STJ em relação à Administração Pública (47,14 x 41,67%), enquanto do lado privado as empresas alcançam mais vitórias se comparadas aos agentes públicos (29,41 x 22,22%).

Os Ministérios Públicos Estaduais alcançaram o dobro de vitórias no STJ em comparação com o Ministério Público Federal (50% ante 25%). O desempenho dos Ministérios Públicos Estaduais no STJ também varia significativamente: o MP do Rio Grande do Sul alcançou 68,12% de êxito recursal, enquanto o MP de São Paulo teve menos da metade desse sucesso: 32,14%. A Súmula 7/STJ atinge muito mais a parte privada (34,39% dos recursos dos agentes públicos e 31,58% das empresas) do que a parte pública (20,24% do MP e 11,54% da Administração Pública).

Para além dos números, cabe aqui uma análise mais qualitativa de alguns casos pitorescos que as ações de improbidade administrativas protagonizaram pelo país.

3.1.2.1.2. O caso das fotos oficiais

Este entendimento, visto por outra forma, podemos ver no seguinte caso. Em todos os países do mundo é absolutamente usual e tradicional que os chefes do executivo tenham seu retrato oficial estampado nos órgãos públicos, esta a razão os Chefes de Estado tenham suas fotos divulgadas por respeito institucional e informação aos cidadãos para tornar visível a imagem daqueles que os governam.

Assim, apesar de termos esta tradição de divulgar fotos de Presidente, governadores e prefeitos, o prefeito de Paranatinga/MT, teve de retirar, por recomendação do Ministério Público estadual, todas as fotos oficiais que estavam nos órgãos públicos do município. Neste caso a alegação é que o Chefe do Executivo estava violando o princípio da economicidade por ser gasto inútil à municipalidade e ônus ao erário.

Percebe-se que aqui não se trata de ação de improbidade, porém de uma recomendação que se não for seguida, implicará no aforamento de ação de improbidade. Este caso ilustra que pretensas recomendações que não são facultativas também constituem grave disfuncionalidade do controle externo e estão sendo utilizadas pelo Ministério Público para pressionar e comandar as chefias do executivo por assuntos que não lhe convém.

Vale mencionar que aqui não cabe o debate do mérito e, porque não dizer, do gosto duvidoso do prefeito desta cidade de espalhar o seu retrato nas repatições públicas do municipio em questão, e sim o destaque é na má utilização da LIA para atacar decisões políticas (e os próprios políticos) com propósitos ideológicos ou de propaganda do Ministério Público diante da população.

Assim, no momento que o Ministério Público, a colocação de fotos oficiais do agente público nas repartições, constitui ato de improbidade por alegada violação a princípios constitucionais e dano ao erário, na verdade, não preza com zelo a coisa pública, pois ao se preocupar com assuntos como estes, acaba por gastar recursos escassos do próprio erário público no combate aos verdadeiros desvios de conduta e de dinheiro dos cofres públicos feitos pelos agentes ímprobos.

3.1.2.1.3. O caso de condenação por cegueira deliberada

Aqui adotamos ainda a famigerada teoria da cegueira deliberada ou intencional (*willful blindness doctrine*) que teve sua origem na Inglaterra

(Regina v. Sleep) e foi incorporada à doutrina estadunidense[199]. Pela cegueira deliberada, o agente coloca-se, conscientemente em situação de ignorância, de modo a evitar seja verificada a ilicitude da sua conduta, mantendo-se, intencionalmente, em estado de ignorância.

Esta teoria fornece a flexibilidade necessária para determinar a responsabilidade por improbidade ao agente público, contudo em nosso sistema romanístico esbarra em diversos limites normativos da Lei de Improbidade Administrativa que, mesmo antes das alterações feita 2021, exigia dolo nas hipóteses dos art. 9º e 10. No plano da aplicação da Lei 8.429/92, a cegueira deliberada possibilita a improbidade hermenêutica imputando-se ao agente o dever de conhecer fatos que por vezes desconhece, ou de alegar-se que deixou de tomar as cautelas necessárias em sua decisão.

Nesse particular, representa grande perigo na também famigerada figura do administrador médio[200], logo, a teoria da cegueira deliberada, foi transplantada do sistema da *common law* para *civil law*, e ainda adaptada do Direito Penal para as ações de improbidade, empolgando inúmeros magistrados e tribunais. Veja-se, por exemplo, a decisão da 9ª Câmara de Direito Público do Tribunal de Justiça do Estado de São Paulo na Apelação Cível

[199] A teoria da cegueira deliberada, também conhecida como teoria do avestruz, ignorância deliberada, cegueira intencional ou provocada, *willful blindness, Ostrich Instructions* ou doutrina da evitação da consciência (Conscious Avoidance Doctrine), teve origem na Inglaterra, no julgamento do caso Regina v. Sleep, de1861. Desde então, foi acolhida nos Estados Unidos e, seguindo a teoria do delito da "common law", passou por refinamento doutrinário. Contudo, com a evolução da jurisprudência estadunidense, a cegueira deliberada tornou-se aplicada de várias formas, isto é, conforme as conveniências do caso concreto, deixando de apresentar um fundamento sistêmico pronto e acabado. Segundo essa teoria, o agente, de modo deliberado, se coloca em situação de ignorância, criando obstáculos, de forma consciente e voluntária, para alcançar um maior grau de certeza acerca da potencial ilicitude de sua conduta. Vale dizer, o infrator provoca o seu desconhecimento acerca do ilícito, de modo que sua ignorância deliberada passa a equivaler-se ao dolo eventual ou, até mesmo, à culpa consciente. VALLÈS, Ramon Ragués i. **Mejor no saber: sobre la doctrina de la ignorância deliberada em derecho penal.** Tendencias actuales em la teoría del delito. Universitat Pompeu Fabra: Barcelona, 2013, p 11.

[200] Inspirado na antiga e superada noção de homem médio, que efetivamente não existe no mundo fenomênico, eis que o que existe é o homem circunstancial que age dentro do contexto de um caso concreto e não diante de uma figura abstrata e idealizada de administrador médio.

0009252-56.2010.8.26.0073, Rel. Des. Rebouças de Carvalho, Julgado em: 09/04/2014.[201]

No caso, o Ex-Prefeito de Avaré/SP alegadamente contratou empresa com o fito de evitar o procedimento licitatório por contratação por Termo de Parceria com OSCIP, além de suposta ocorrência de superfaturamento na prestação dos plantões médicos. A premissa é a de que, como houve aumento de 70% dos valores do contrato, em cotejo com os valores praticados anteriormente, utilizou-se da teoria da cegueira deliberada, eis que os mesmos médicos já contratados no passado não teriam como "não perceber o superfaturamento praticado com a nova contratação".

Independentemente do acerto ou não do decidido, o que preocupa é a adoção desta teoria ao nosso sistema. Sem adentrar nas peculiaridades do caso, nada impediria que a condenação ocorresse, desde que demonstrado o dolo dos acusados, sem necessidade de socorrer-se da teoria da cegueira deliberada, que em última análise visa solucionar de forma mambembe frente ao tamanho do problema, ou seja, a gravidade do problema está sendo ignorada, pois a suposta improbidade administrativa não foi provada e sim presumida.

Neste caso, a AED traz uma interpretação mais condizente ao resultado apresentado, contudo, como nos casos anteriores, o meio sempre é tão importante quantos os fins, assim, ao aceitar a teoria da cegueira deliberada, na verdade, se pune o agente público que é beneficiado e não àquele que ocasionou o suposto superfaturamento, fazendo com que não se exponha o esquema de improbidade e se ataque os sintomas e não as causas do problema.

3.1.2.1.4. O caso de improbidade por uso de 14 folhas de papel timbrado

Os excessos em matéria de improbidade, por vezes violam o princípio da insignificância, não raro movendo a máquina estatal por ninharias. Aliás, fôssemos quantificar os custos de um processo de improbidade que compreendesse o valor dos subsídios de promotores e juízes proporcionalmente ao tempo que se dedicam ao caso, a estrutura do Poder Judiciário e

[201] BRASIL. Tribunal de Justiça de São Paulo (9ª. Câmara de Direito Público). Apelação n. 0009252-52.2010.8.26.0073. Relator: Des. Rebouças de Carvalho. São Paulo. Julgado em 02 de jul. 2014.

custo dos seus servidores auxiliares, e se ainda considerássemos os custos privados da defesa do acusado, saberíamos que o custo total de um processo por improbidade administrativa muita das vezes excede o suposto dano causado pelo ato de improbidade.

Vale mencionar que em matéria de improbidade não nos limitamos a apenas a uma relação de custo-benefício, por termos que observar os princípios constitucionais e da probidade como valor a ser respeitado pelo agente público. Todavia, isto não exime que ignoremos por completo a ideia de custos do controle e da irrazoabilidade em movimentar a máquina estatal na busca de ressarcimento de quantias ou bens irrisórios.

Exemplo disso foi a Apelação Cível nº 70011242963, julgada pela Quarta Câmara Cível do Tribunal de Justiça do Rio Grande do Sul[202], que manteve a absolvição do Vereador por utilizar catorze folhas de papel timbrado e de serviço de assessoria jurídica da edilidade por realizar defesa prévia em outra ação de improbidade.

A decisão do TJ/RS acertadamente entendeu que incidiria o princípio da insignificância, eis que o custo de catorze folhas de papel timbrado seria absolutamente irrelevante, além de que o referido advogado da Câmara não estaria impedido de atuar em prol dos vereadores de modo privado, além do que, a defesa institucional do seu presidente não seria incompatível com as atribuições do seu cargo, afastando assim qualquer improbidade administrativa.

Este julgado é um exemplo claro que questões absolutamente insignificantes juridicamente não justificam os gastos e custos inerentes à propositura das ações de improbidade.

Ademais, alerta para outra questão, já resolvida pelas alterações na LIA de 2021, que reiteradamente é apreciada pelo Poder Judiciário, trata-se do gasto com defesa patrocinada pelo ente público quando o ato foi praticado no exercício da função pública, deixando o agente público em situação kafkaniana. Ao mesmo tempo em que tem o direito de ver-se defendido pelo próprio órgão público (afinal, apenas responde por improbidade por ter atuado em nome da Administração Pública), vê-se compelido a pagar advogados do próprio bolso para não sofrer uma segunda ação de

[202] BRASIL. Tribunal de Justiça do Rio Grande do Sul (4ª. Câmara de Direito Público). Apelação nº 70011242963. Relator: Des. Araken de Assis. Porto Alegre. Julgado em 25 maio 2005.

improbidade. O §20 do art 17 da LIA resolveu este problema afirmando que "assessoria jurídica que emitiu o parecer atestando a legalidade prévia dos atos administrativos praticados pelo administrador público ficará obrigada a defendê-lo judicialmente, caso este venha a responder ação por improbidade administrativa, até que a decisão transite em julgado."

Outro caso similar – desta vez pelo uso de cinco folhas de papel timbrado levou a absolvição do Prefeito do Município de Gravataí/RS na Apelação nº 70006239339[203]. Neste caso, ficou demonstrado que os atos praticados pelo procurador do município em defesa na Ação de Investigação Judicial Eleitoral se deram por equivocada intimação do Cartório Eleitoral ao Município e não a pessoa física do prefeito. A Ação de Investigação Judicial Eleitoral teve seus atos posteriormente conduzidos por defesa privada do prefeito municipal.

Assim, utilizando a Análise Econômica do Direito, mais especificamente a Teoria Econômica do Crime trazida à baila nos capítulos anteriores, caso estes processos não tenham sido encerrados e absolvidos, poderemos perceber que considerando que um delito deve passar pelo resultado final de custo-benefício sendo positivo (B – C.P > 0) para que um indivíduo seja levado a realizá-lo. Desta expressão diante deste caso pode-se extrair, entre outros, os seguintes corolários: a) ao colocar este ato como delito/crime, obriga o agente público a visualizar que "B" é totalmente irrisório; c) considerando ainda que os órgãos de controle cairão no aumento de "C" ou de "P" que varia entre 0 (0%) e 1 (100%), podendo concluir que haverá sim medo (aversão ao risco do agente público) em realizar as atividades mais comezinhas da gestão pública.

Note-se ainda que contudo, que, no entender de Isaac Erlich[204] , esta equação deve ser colocada os custos de oportunidade (vantagens perdidas decorrentes de alternativas legais de obtenção de rendimento), incorporados na mesma através da letra "O". No caso em análise, o fato de ser um

[203] BRASIL. **Tribunal de Justiça do Rio Grande do Sul.** Apelação n 70006239339. Vigésima Segunda Câmara Cível. Rel. Mara Larsen Chechi. Porto Alegre. Julgado em 30 de setembro de 2003.

[204] EHRLICH, Isaac. **Participation in Illegitimate Activities: A Theoretical and Empirical Investigation**. The Journal of Political Economy, v. 81, mai-jun., p. 521-564, 1973. Disponível em: https://www.jstor.org/stable/1831025. Acesso em: 12 set. 2021.

gestor público só será racionalmente admitido se preencher a condição: B – (C.P + O) > 0, ou seja, ao colocar situações corriqueiras da gestão pública como atos de improbidades, acabam por não evitarem o agente de se tornarem ímprobo e sim transformam o cargo público em atividade criminosa.

3.1.2.1.5. O caso do prefeito

Por fim, antes de apresentar os casos emblemáticos da Lava-Jato, e diante destas aberrações jurídicas a que estão sujeitos os agentes públicos na aplicação da LIA. Segue mais um caso, no mínimo, peculiar: o prefeito da cidade de Capela do Alto Alegre/BA, pelo fato de ter subido ao palco de uma festa junina e dançado com uma cantora, foi acusado de improbidade administrativa.

A ação por improbidade administrativa foi movida pelo Ministério Público Federal – MPF. Alegou o MPF que em razão do evento festivo ter sido patrocinado com verbas do Ministério do Turismo, o convite da cantora para que o Prefeito com ela dançasse teria constituído ato de autopromoção e, portanto, ato de improbidade.

O fato é, infelizmente, comum e tem diversas variantes, entendamos melhor o motivo disto acontecer.

Nossa Constituição da República prevê no seu art. 37, § 1º que é vedada a promoção pessoal de autoridades ou servidores públicos. E como o conceito de promoção pessoal é indeterminado, mera aparição ou presença dos agentes públicos em certas circunstâncias leva a ações de improbidade. O caso revela certa visão de mundo dos órgãos de controle, de como devem portar-se os agentes públicos.

Esses casos de promoção pessoal com fulcro no art. 37, § 1º, da CR revelam uma incompreensão do que seja a política, pois a despeito da notória e natural visibilidade que têm os prefeitos, devem portar-se como fugitivos.

Não raro, a mera aparição de fotos dos governantes em *sites* oficiais dos municípios é alvo de ações de improbidade, ainda que sejam de legítima divulgação das ações e políticas públicas em prol coletividade.

Casos estes, exemplificam como é forma de pensamento da acusação no Brasil, evidenciando que para é mais fácil ocuparem-se de casos insignificantes e até mesmo rídiculos, do que, de fato dispenderem de recursos e trabalhos sobre casos reais de improbidade. Assim, a acusação e controle parece, de forma maquiavélica[205], que se preocupa mais em parecer ser eficiente do que fato ser. Mesmo quando os casos são mais importantes e complexos, a acusação não se mostra muito eficiente também.

3.1.2.2. Improbidade administrativa na Operação Lava Jato

Nesse ponto do trabalho, pretende-se analisar três ações de improbidade administrativa propostas pelo Ministério Público Federal sobre a maior investigação já realizada contra um esquema de corrupção: Operação Lava-Jato. Assim, apresenta-se: a ação de improbidade administrativa contra Odebrecht S.A. e outros; em face do Partido Progressista e outros; e a ação civil pública por ato de improbidade administrativa em face de Eduardo Cunha e outros.

3.1.2.2.1. Ação civil pública por ato de improbidade administrativa contra Odebrecht S.A. e outros

Proposta em 11 de março de 2016, com um valor da causa de R$ 7.288.289.786,40 (sete bilhões, duzentos e oitenta e oito milhões, duzentos e oitenta e nove mil, setecentos e oitenta e seis reais e quarenta centavos), a ação em comento foi proposta como um desdobramento das investigações da Operação Lava Jato e conta como réus: Celso Araripe; Cesar Rocha; Marcelo Odebrecht; Marcelo Faria; Paulo Roberto Costa; Paulo Boghossian; Pedro Barusco; Renato Duque; Rogério Araújo; Construtora Norberto Odebrecht; Odebrecht S.A.;Freitas Filho Construções Ltda. e Eduardo Freitas Filho.

205 Nicolau Maquiavel foi um filósofo que nasceu e viveu em Florença entre 1469 –1527, foi ainda historiador, poeta, diplomata e músico de origem florentina do Renascimento. É reconhecido como fundador do pensamento e da ciência política moderna, pelo fato de ter escrito sobre o Estado e o governo como realmente são, e não como deveriam ser. Desde as primeiras críticas, cunhou-se um entendimento equivocado da obra completa de Maquiavel. Com o choque de realidade causado pelas suas ideias sobre a dinâmica do poder, seus textos geraram uma ameaça aos valores cristãos vigentes, principalmente devido às análises do poder político da igreja católica contidas em "O Príncipe". Já na literatura e teatro ingleses do século 17, foi associado diretamente ao Diabo por meio das referências caricaturais e do apelido *"Old Nick"*. Surgiu, aí, na visão do pensamento enganoso e da trapaça, o adjetivo maquiavélico nas línguas ocidentais. "**MAQUIAVEL não era maquiavélico**": Especialista no autor, Newton Bignotto afirma que "leitura parcial" ajudou a forjar o "maquiavelismo" que conhecemos. Folha de São Paulo, São Paulo, p. 1-2, 31 mar. 2007. Disponível em: https://www1.folha.uol.com.br/fsp/ilustrad/fq3103200708.htm. Acesso em: 23 dez. 2021.

Das referidas investigações, concluiu-se pela existência de um esquema entre diretores da PETROBRAS e empreiteiras formadoras de um cartel, no qual ficou acordado que parte dos valores recebidos pelos contratos seriam repassados como propina e, posteriormente, proceder-se-ia à lavagem e rateio do dinheiro entre os próprios empregados da empresa, partidos e agentes políticos. Assim, o objeto da ação em comento é o recebimento de propina[206]. No tocante aos demais crimes averiguados entre os réus da Ação Civil Pública Por Ato de Improbidade Administrativa, tratam-se de alvos de outra ação.

Em relação a dois réus, pugnou-se tão somente pela declaração de pratica dos atos de improbidade administrativa, por serem colaboradores, ao passo que em relação aos demais, foi requerido a condenação prevista no art. 12, I da Lei nº 8.429/92, ou seja, às penas destinadas aqueles que incorreram em enriquecimento ilícito.

Observou-se que, mesmo cientes da ocorrência de um cartel entre as empreiteiras, os agentes públicos constantes no polo passivo da ação de improbidade administrativa foram omissos e mantiveram-se coniventes com tal situação, auferindo, inclusive, propinas para tanto. No mais, foi observado que tais atos, a par de configurarem enriquecimento ilícito, também causaram evidente prejuízo ao erário e violaram os princípios da Administração Pública. Dessa forma, também constituem atos de improbidade administrativa previstos nos arts. 10 e 11 da Lei 8.429/92. Desse modo, tem-se que os réus, além da previsão de enriquecimento ilícito trazida pelo art. 9º da Lei nº 8.429/92, também incorreram nos atos ímprobos do art. 10 e 11 do referido diploma legal, quais sejam: lesão ao erário e atentado contra os princípios da administração pública.

No decorrer da peça inicial da Ação Civil Pública Por Ato de Improbidade Administrativa, há a individualização e enquadramento legal das condutas realizadas por cada réu, sendo demonstrado, inclusive, o requisito subjetivo dolo, que, necessário para a configuração do ato de improbidade. Para uns, tal requisito restou demonstrado através de confissão do próprio réu, ao informar que consciente e voluntariamente praticou as condutas ímprobas e, para outros, o dolo foi comprovado através de transferências

[206] BRASIL. Ministério Público. Ação Civil Pública por ato de improbidade administrativa. 2016. Disponível em: < http://www.mpf.mp.br/pr/sala-de-imprensa/docs/acao-de-improbidade-administrativa-odebrecht >. Acesso em: 26 jun. 2021.

financeiras realizadas, que demonstram o recebimento ou o pagamento de propina, bem como pelas declarações feitas pelos colaboradores. Quanto às sociedades também qualificadas como rés, tem-se que a pessoa jurídica, por si só, não é capaz de exprimir sua vontade.

Desse modo, consta no pólo passivo da ação em comento as pessoas jurídicas, obtentoras de vantagem econômica, e seus gestores, que também obtiveram vantagens econômicas mas, sobretudo, agiram dolosamente ao guiarem as sociedades de modo a viabilizar a realização dos atos ímprobos.

A 03ª turma do TRF da 4ª região manteve no dia 18 de fevereiro de 2020, a validade do acordo de leniência que retirou Marcelo Odebrecht e quatro ex-executivos da empreiteira desta ação de improbidade administrativa no âmbito da Operação Lava Jato. A Corte negou recurso da Petrobras no qual a estatal buscava o prosseguimento dos réus na ação cível e a manutenção do bloqueio de bens dos executivos. O colegiado destacou que não é compatível com a ação de improbidade o pedido meramente declaratório, e que a reparação do dano foi presumidamente contemplada no acordo.

Para o colegiado, os termos firmados entre os réus e a União no acordo de colaboração premiada devem ser cumpridos. Em julho de 2019, a 11ª vara Federal de Curitiba/PR homologou o acordo de leniência celebrado entre a União (representada pela AGU e pela CGU) e Marcelo Odebretch, César Ramos Rocha, Márcio Faria, Paulo Sérgio Boghossian, Rogério Santos de Araújo e a empreiteira Odebrecht.

Dessa forma, eles tiveram o bloqueio de seus bens revogados e prosseguiram na ação apenas para o provimento declaratório, excluídas as sanções do art. 12 da lei de improbidade administrativa. A Petrobras, então, recorreu ao TRF-4 com um agravo de instrumento com pedido de efeito suspensivo sustentando a permanência do interesse de condenação das pessoas físicas que celebraram os acordos de colaboração e a consequente necessidade de manutenção da indisponibilidade de bens.

Ao negar o recurso, a desembargadora Federal Vânia Hack de Almeida destacou que, "face à previsão expressa no acordo e à adesão dos seus colaboradores, torna-se inafastável o dever estatal de honrar o compromisso assumido no acordo efetuado, não devendo outro órgão estatal impugná-lo".

A relatora do caso na Corte ressaltou a necessidade de proteção ao princípio da segurança jurídica, e que, ao oferecer um lenitivo nas penas administravas para os colaboradores, a União tem em troca informações relevantes ao interesse público.

A magistrada ainda observou que "a reparação do dano foi presumidamente contemplada de forma integral no acordo de leniência firmado entre as partes, sendo que, qualquer discussão nesse sentido deve ocorrer quanto à validade do próprio acordo e não quanto ao que lá foi decidido". Vânia concluiu o voto frisando que o pedido de indenização por danos morais deve prosseguir em relação aos demais réus que permaneceram na ação.

Inconformada a Petrobras requereu a 02ª turma do STJ recurso especial que pretendia a retomada do bloqueio de bens da Odebrecht relacionado que foi negado. Para o colegiado, a Petrobras foi recebida na ação na condição de litisconsorte ativo e, portanto, não pode, na condição de terceiro interveniente, pretender poderes de parte.

Discutiu se o acordo de leniência em colaboração premiada possibilita, ou não, a supressão das demais cominações legais. Na ação, Petrobras buscou a retomada do bloqueio de bens da Odebrecht relacionado à ação de improbidade administrativa. Alega que, como principal vítima, não podia ter seu direito ao ressarcimento integral do dano frustrado por acordo de leniência firmado com a União, cujos termos somente lhe garantem a reparação dos prejuízos em caso de adesão ao acordo pela sociedade de economia mista.

A Petrobrás sustentou que o recurso que não pretende discutir o mérito da ação de improbidade. Pretendia, apenas, reestabelecer a indisponibilidade dos bens das rés com a única finalidade de garantir o integral ressarcimento "dos enormes prejuízos causados à Petrobrás".

Para o relator, ministro Herman Benjamin, a ação de improbidade administrativa recebeu a Petrobras na condição de litisconsorte ativo e, portanto, não pode, na condição de terceiro interveniente, pretender poderes de parte. "Por esse aspecto de natureza processual e por estarmos diante de discussão de uma providência cautelar à indisponibilidade de bens, não vejo como possa essa indisponibilidade, no âmbito da ação de improbidade administrativa, continuar, quando os autores da ação fizeram um ajustamento de conduta."

Herman ressaltou que não se estaria negando a gravidade dos atos praticados pela Odebrecht, nem a dimensão dos prejuízos suportados pela Petrobras, pelos seus acionistas e pelas instituições públicas, mas, processualmente, não haveria como manter ou dar sobrevida a uma indisponibilidade de bens em uma ação de improbidade administrativa "quando os autores desistem por meio de uma composição amigável". Diante disso, o relator votou para não prover o recurso.

Analisando, agora, pelo olhar econômico, é necessário entender como que foi equivocada a decisão de propor acordo no caso em tela, pois enquanto nos casos anteriores o MP foi rígido demais diante de acusações meramente irrisórias, neste caso, extremamente caro a Administração, ele propõe e aceita acordo. Isso ocorre pelo mesmo motivo anterior só que transvestido em outra situação: não há eficiência na persecução cívil. Ou seja, como o próprio MP não tem meios (ou recursos bem alocados) para investigar e provar o que alega prefere aceitar teorias de presunção dos fatos e/ou acordos mambembes para obter provas e meios de concluir suas acusações. A ineficiência é tamanha que estão, na verdade, resolvendo um problema criando outros.

3.1.2.2.2. Ação civil pública por ato de improbidade administrativa em face do Partido Progressista e outros

Constam como réus da ação ora em comento o Partido Progressista; Pedro Corrêa; Pedro Henry; João Pizzolatti; Mário Negromonte; Nelson Meurer; Mário Negromonte Júnior; Arthur Lira; Otávio Germano; Luiz Fernando Faria; Roberto Britto e João Genu. Nesta ação, foi descrito o funcionamento de dois esquemas de desvios de verbas da Petrobras, um envolvendo contratos vinculados à Diretoria de Abastecimento, e outro referente aos benefícios obtidos decorrentes da atuação da Diretoria de Abastecimento em prol dos interesses da Braskem, empresa do Grupo Odebrecht, especialmente no contrato de comercialização de nafta entre a estatal e a referida empresa petroquímica.[207] Houve, assim, a observância da formação de um cartel entre as empresas.

Assim como na ação anteriormente analisada (face à Odebrecht S.A. e outros), observou-se o cometimento das três espécies de improbidade e

[207] BRASIL. Ministério Público. **Força-tarefa da Lava Jato propõe ação de improbidade contra o PP, dez políticos da sigla e um ex-assessor de Janene**. Disponível em: http://www.mpf.mp.br/pr/sala-de-imprensa/noticias-pr/forca-tarefa-da-lava-jato-propoe-acao-de-improbidade-administrativa-contra-o-partido-progressista-dez-politicos-da-sigla-e-um-ex-assessor-de-janene. Acesso em: 26 jun. 2021

a aplicação da sanção constante no art. 12, I da Lei nº 8.429/92, ou seja, àquela mais gravosa, relativa aos atos previstos no art. 9º do mencionado diploma legal. Dessa forma, há o pedido para que os réus reparem o dano integralmente; percam a função pública; tenham cassados seus direitos políticos; paguem multa civil e danos morais coletivos; tenham cassada a aposentadoria, bem como percam o direito à contagem de tempo.

Segundo as investigações, o montante de propinas originado desta primeira parte do esquema de cartelização chega, ao menos, a R$ 410.656.517,60 (quatrocentos e dez milhões seiscentas e cinquenta e seis mil e quinhentos e dezessete reais e sessenta centavos), equivalentes a 01% dos valores dos contratos obtidos, que era pago a título de suborno segundo as investigações. Desse total, a ação aponta que 60% eram direcionados para o Partido Progressista e seus integrantes, e 40% eram distribuídos entre executivos da estatal e operadores financeiros.

Através das investigações averiguou-se, ainda, que o dinheiro obtido ilicitamente teve como um de seus fins o financiamento de campanhas eleitorais. Os fatos alegados na Ação Civil Pública Por ato de Improbidade Administrativa em face do Partido Progressista e outros também estão sendo alvo de apuração criminal.

O Tribunal Regional Federal da 04ª Região (TRF4) manteve ação de improbidade administrativa contra o deputado federal Arthur Lira. A 03ª Turma negou o recurso do político no final de janeiro de 2020 sob o entendimento de que existem fartos elementos demonstrando que ele teria recebido vantagens indevidas juntamente com outros políticos do Partido Progressista provenientes de contratos superfaturados da Petrobras.

Lira teria encabeçado negociação de pagamento de propina entre a Jaraguá Equipamentos Industriais, empresa que fornecia fornos à Refinaria Abreu e Lima, a agentes públicos, com repasse de R$ 973.718,87 em 19/04/2011 e de R$ 968.225,37 em 05/12/2011, totalizando R$ 1.941.944,242.

Em troca, o Partido Progressista garantia a permanência de Paulo Roberto Costa na direção da Petrobras e este garantia o contrato da Jaraguá. Os valores eram repassados a empresas de fachada utilizadas pelo doleiro Alberto Youssef para lavar o dinheiro e entregar aos políticos. O réu recorreu ao tribunal após a 01ª Vara Federal de Curitiba aceitar a denúncia do Ministério Público Federal. Lira alegava que os atos praticados por parlamentares no exercício de suas funções não se constituem como atos administrativos, mas sim, atos políticos, que Paulo Costa não teria sido incluído no polo passivo da demanda, que as informações prestadas por Alberto Youssef na delação premiada não foram corroboradas por provas documentais e que a denúncia criminal pelos mesmos fatos não foi aceita pelo Supremo Tribunal Federal.

O relator do processo no tribunal, desembargador federal Rogerio Favreto, confirmou integralmente as razões do juízo de primeiro grau. Conforme o magistrado, os agentes políticos também respondem por improbidade, e Lira teria recebido e atuado para que os deputados do PP recebessem a propina, não sendo imprescindível a presença de Paulo Roberto Costa no polo passivo da ação.

Quanto à colaboração de Youssef, desembargador federal Rogerio Favreto reproduziu trecho da decisão da Justiça Federal de Curitiba: "se, de um lado, a sentença penal condenatória não pode ser prolatada apenas com base em depoimento produzido em virtude de colaboração premiada, de outro, nada impede que essas declarações deem base à formulação de juízo delibatório (como no caso de recebimento da denúncia), motivo pelo qual, na ação de improbidade, figuram, por si só, como um "standard probatório" razoável de indícios de materialidade do ato ímprobo". Trecho este que comprova o alegado neste trabalho, utilizam-se das delações para suprir a falta de eficiência nas investigações e coleta de provas realizados pela acusação.

Por fim, o desembargador frisou que a independência entre as esferas administrativa, cível e penal é total, "podendo haver arquivamento de inquérito criminal em face do agravante e recebimento da inicial de ação civil pública em face da mesma pessoa em razão dos mesmos fatos investigados – até porque as condutas que não se enquadram no tipo penal podem configurar ato de improbidade administrativa". "Houve suficiente individualização, neste momento, em que vigora o brocardo <u>in dubio pro societate</u>, de que o agente público seria o responsável pela prática do ato ímprobo, bem como de qual seria o ato ímprobo e qual teria sido o benefício direto ou indireto que o agravante teria obtido, com substrato mínimo de elementos de prova para embasar o recebimento da petição inicial", concluiu Favreto. Mostrando que o agente público está sempre a mercê do infame brocardo de in dubio pro societate.

Contudo, essa realidade irá mudar, pois a mudança na Lei de Improbidade Administrativa deverá anular ações abertas contra este e outros quatro partidos envolvidos na Lava-Jato. O PT, o PP, o PSB e um diretório estadual do MDB. Estes são alvos de ações de improbidade administrativa que pedem a devolução de valores desviados da Petrobras em casos investigados pela operação deflagrada no Paraná.

A alteração da Lei de Improbidade Administrativa estabelece que as legendas só podem ser processadas com base na Lei dos Partidos, de 1995, e não por meio dessa legislação. Essas mudanças tendem a ser usadas para favorecer os réus que têm hoje processos em tramitação, como os que correm em Curitiba contra as quatro legendas.

Há três ações de improbidade, ajuizadas pelo Ministério Público Federal e pela Petrobras, mirando partidos nas varas federais do Paraná. Elas foram abertas a partir de 2017, com base nas provas levantadas pela Lava-Jato. Diferentemente do que ocorre na esfera criminal, as ações de improbidade não visam a prisão, mas sim o ressarcimento de recursos públicos e sanções como a perda de função pública.

Esses processos abordam situações de enriquecimento ilícito, dano ao erário e de violação dos princípios da administração pública. A principal mudança do pacote votado no Congresso é a exigência do dolo para a condenação por improbidade. Ou seja: será preciso comprovar no processo que houve a intenção de cometer a irregularidade. Essa novidade tende a dificultar as punições.

Os partidos tinham sido incluídos em ações de improbidade na Lava Jato com base em entendimento de que também podem ser processadas pessoas jurídicas que concorrem ou se beneficiam desses atos ilegais. A ação que aborda valores mais elevados envolve, em conjunto, o PSB e o diretório do MDB em Rondônia e foi aberta há três anos.

Nesse processo, o Tribunal Regional Federal da 4ª Região, mandou bloquear provisoriamente um limite de até R$ 1,89 bilhão do MDB-RO e de R$ 816 milhões do PSB. Calculados sobre contratos da Petrobras investigados e que teriam motivado propina paga por empreiteiras, os valores são de responsabilidade solidária entre os réus.

Na lista de processados estão o pernambucano Fernando Bezerra (hoje no MDB, anteriormente no PSB), e o espólio do ex-presidenciável Eduardo Campos, que morreu em acidente aéreo em 2014. A ação ainda está em fase de defesa prévia. Só em sentença é que seria definido quanto cada parte teria que pagar aos cofres públicos. O MDB de Rondônia foi incluído por causa de doações de 2010 da construtora Queiroz Galvão em benefício do ex-senador Valdir Raupp. Os repasses à época eram legais, mas, para a Procuradoria, se tratava de propina disfarçada. Na esfera criminal, Raupp foi condenado no ano passado por essa mesma acusação pelo Supremo Tribunal Federal (STF) a 7,5 anos de prisão, e hoje aguarda o julgamento de recursos.

O PP, legenda das mais afetadas pela Lava-Jato por causa de elo da sigla com um ex-diretor da Petrobras, Paulo Roberto Costa, hoje a legenda que abriga em 2022 a candidatura presidencial de Jair Bolsonaro.

O PT também se tornou alvo de uma ação de improbidade. A investigação tratava das obras da chamada torre Pituba, sede da Petrobras em Salvador onde supostamente teria havido pagamento de propina por parte das empreiteiras OAS e Odebrecht. Em 2020, foi decretado o bloqueio de R$ 18,1 milhões das contas do PT. Neste ano, o comando do partido disse à Justiça que está com dois imóveis em São Paulo bloqueados e pediu o fim da restrição, alegando que *"a indisponibilidade poderia gerar endividamento progressivo"*, acabando por atingir trabalhadores contratados pela agremiação.

Vale mencionar que as ordens de bloqueio não atingem a principal fonte de financiamento dos partidos, que é o fundo partidário. Em 2022, esse fundo, composto por verba pública, distribuirá cerca de R$ 5,7 bilhões.

Sendo assim, de forma acertada, com a mudança na lei, não será instaurada a impunidade mas provocará a ida destes casos para a Justiça Eleitoral, que atua primordialmente na organização dos partidos e das eleições. Assim, será colocado em uma justiça especializada os presentes casos para que sejam melhor julgados.

3.1.2.2.3. Ação civil pública por ato de improbidade administrativa em face de Eduardo Cunha e outros

A ação que agora se comenta também foi um desdobramento das investigações ocorridas na Operação Lava Jato. Com valor da causa de R$ 417.213.151,67, possui como réus Eduardo Cunha; Jorge Luiz Zelada; João Augusto Rezende Henriques; Idalécio de Castro Rodrigues de Oliveira e Cláudia Cordeiro Cruz. Nessa ação, também foi observada a formação de cartel entre as empresas, além do que observou que o esquema era estruturado em quatro[208] núcleos básicos, quais sejam:

1. núcleo político, formado em especial por parlamentares, que indicavam funcionários de alto escalão da PETROBRAS, notadamente os diretores;
2. núcleo econômico, formado pelas empresas brasileiras e estrangeiras que pretendiam contratar com a PETROBRAS;
3. núcleo administrativo, formado especialmente pelos diretores da PETROBRAS e por outros funcionários do alto escalão, indicados pelo núcleo político;
4. núcleo financeiro, onde ocorria a lavagem e os repasses do dinheiro obtido ilicitamente, formado pelos operadores do recebimento das vantagens.

A ação em comento diz respeito à aquisição pela PETROBRAS GAS & OIL BV de 50% dos direitos de exploração petrolífera sobre o Bloco 4 na plataforma continental da República do Benin, empreendimento este que ocasionou danos patrimoniais à PETROBRAS e foi empreendido notadamente para a percepção de vantagens pessoais, bem como diz respeito ao enriquecimento ilícito de Eduardo Cunha, evidenciado pela existência de contas mantidas no exterior, em seu nome e em nome de sua companheira.

Além das sanções previstas no art. 12 da Lei nº 8.429/92, na ação em comento também houve o pedido de condenação a danos morais coletivos, com fundamento no art. 5º da Lei de Improbidade Administrativa e no princípio da reparação integral. Na Ação Civil Pública por Ato de Improbidade Administrativa contra Eduardo Cunha e outros, observou-se, que fundado o pedido de condenação dos réus ao pagamento de dano moral coletivo, vez que com a prática de atos ímprobos lesa-se a economia do país e, com isso, quem padece é a população. Fazendo assim, de acordo com a fórmula apresentada acima que o benefício do presente delito tenha sido menor que a pena pecuniária apresentada ao acusado.

208 BRASIL. Ministério Público. **Ação Civil Pública por ato de improbidade administrativa com pedido de tutela provisória cautelar de indisponibilidade de bens e valores.** Disponível em: http://www.mpf.mp.br/pr/sala-de-imprensa/docs/AIAEDUARDOCUNHA.pdf. Acesso em: 26 jun. 2021.

3.1.2.3. Os casos sob a nova Lei da Improbidade Administrativa

Em 2021, a imprensa brasileira decretou que se prejudicou o combate à corrupção, pois o próprio Supremo Tribunal Federal anulou condenações e investigações de políticos. Como a que limpou a ficha do ex-presidente Luiz Inácio Lula da Silva em março. E assim, foi criada a narrativa que o Judiciário, Congresso e Executivo uniram-se e embarcaram na onda de rever todos os avanços alcançados nos últimos anos contra a impunidade, com absolvições, leis que dificultam a apuração de crimes, freio na Polícia Federal e diminuição da Operação Lava Jato[209].

Em que pese o afirmado pela imprensa brasileira, houve, na realidade um contra-ataque não contra combate à corrupção, mas como ela estava sendo realizada, pois no Estado democrático de direito os fins não podem jamais justificar os meios, principalmente, quando se trata de supressão de direitos e garantias fundamentais. A máxima de Maquiavel de que os fins justificam os meios, ainda que sejam preteridos valores éticos e morais, não vale aqui, sobretudo quando a liberdade, direito sagrado e inalienável, é atingida pela fúria punitiva do Estado.

É portanto muito preocupante quando o julgador, no dizer preciso de Aury Lopes Jr.[210], absorve o discurso de limpeza social e passa a atuar como defensor da lei e da ordem, como guardião da segurança pública e da paz social. Do mesmo modo quando o juiz é pautado pela mídia que não se constrange em premiar aqueles que violam garantias e que insistem em confundir direitos com impunidade.

O respeitado Geraldo Prado[211], ensina que: "Uma atividade decisionista do juiz baseada na sua credibilidade social mas inatingível pelas partes, na medida em que se apresenta como exercício de sua potestade, máxima representação de sua vontade pessoal, não é legítima, mesmo quando parece mais eficiente porque atende às pautas de repressão penal".

209 RAMALHO, Renan. **O ano da vingança: combate à corrupção retrocedeu em 2021 pela ação dos 3 Poderes**. Gazeta do Povo, Brasília, p. 1-2, 29 dez. 2021. Disponível em: https://www.gazetadopovo.com.br/republica/combate-a-corrupcao-retrocedeu-em-2021-pela-acao-dos-tres-poderes/. Acesso em: 4 jan. 2022.

210 LOPES JR., Aury. **Direito Processual Penal**. 11. ed. São Paulo: Saraiva, 2014. p. 53.

211 PRADO, Geraldo *et al.* **Sistema Acusatório**: A Conformidade Constitucional das Leis Processuais Penais. 3. ed. São Paulo: EDITORA LUMEN JURIS, 2005. p. 73.

No ritmo em que estavámos, apesar das previsões e garantias constitucionais, os processos se transformavam num instrumento de repressão. Prisões são decretadas para obtenção de confissões; delações são premiadas; grampos telefônicos são banalizados; o MP e a PF adotaram o lema que os fins justificam os meios. Em breve sentiríamos de fato vivendo o "Processo" kafkiano.

Por isso, o Legislativo aprovou em outubro esta revisão da Lei de Improbidade Administrativa que vai obrigar aos Doutos Procuradores a investigar de forma eficaz os verdadeiros desvio ou mau uso de verbas públicas e atos desonestos na administração.

Com o fim da imprescritibilidade, a investigação é obrigada a ser diligente e efetiva, evitando assim a principal punição que ocorria em ações de improbidade contra pessoas inocentes: o próprio processo.

O ano de 2021, felizmente, foi um marco de avanço no combate à corrupção, pois a seu tempo tornou-se uma reparação contra os anos 2010-2020, década extramamente marcada pela supressão de direitos e ineficiência jurídica no combate à corrupção.

Com isso, são muito bem-vindas as mudanças na jurisprudência, em especial dos tribunais superiores, abrindo espaço para a alegação de nulidades em diversos processos que, até então, seguiam metodologicamente a jurisprudência em vigor.

A aprovação da reforma da Lei de Improbidade Administrativa (Lei 14.230/21) foi um primeiro passo para o aperfeiçoamento e consequente profissionalização do controle do enriquecimento ilícito e abuso da função pública.

Porquanto, este modelo vivenciado na década passada (midiático e com pouca eficiência) mostrou-se infrutífero tanto que o procurador-geral da República acabou com o modelo das forças-tarefa, que se ganharam repercussão na mídia com resultados falsos alcançados na Lava Jato, pois somente realizavam prisões preventivas e tinham como base probatória de suas alegações delações de outros acusados.

Tanto foi o afã midiático dos procuradores à época das operações que o próprio Conselho Nacional do Ministério Público (CNMP), órgão de controle interno, teve que punir os procuradores em processos disciplinares. O plenário do CNMP entendeu haver justa causa para abertura dos processos disciplinares. O processo divulgado estava em segredo de Justiça, entendeu o Conselho.

Após a Lava Jato denunciar os então senadores Romero Jucá e Edison Lobão, além do filho dele, Márcio Lobão, em 2016, por crimes na construção da Usina Angra 3, no Rio de Janeiro, o caso foi divulgado na página do Ministério Público Federal. Relator do processo, o conselheiro Rinaldo Reis recomendou como punições demissões e uma suspensão por 30 dias para os envolvidos. Foram oito votos favoráveis à abertura do PAD, entre dez conselheiros. A abertura do procedimento contra os procuradores foi pedida pela Corregedoria Nacional do Ministério Público em julho, por descumprimento do dever de sigilo.

O CNMP já havia decidido aplicar a pena de demissão ao procurador da República Diogo Castor de Mattos, ex-integrante da Lava Jato de Curitiba, por financiar um outdoor aclamando a operação. Por 6 votos a 5, com o voto do desempate do conselheiro Humberto Jacques, o Conselho Nacional do Ministério Público (CNMP) decidiu aplicar a pena de demissão ao procurador da República Diogo Castor de Mattos, ex-integrante da Lava Jato, por financiar um outdoor em que louvava a operação.

O outdoor dizia que Curitiba é a Terra da Operação Lava Jato, "*a investigação que mudou o país*", além de registrar que ali "*a lei se cumpre*" e que "*o Brasil agradece*" pela operação. A maioria dos conselheiros considerou que houve violação dos deveres funcionais por parte de Castor e que caberia a pena de demissão. O voto vencedor foi dado pela conselheira Fernanda Marinela de Sousa Santos, relatora do PAD. Agora caberá ao procurador-geral da República ajuizar uma ação judicial para que a demissão seja de fato efetuada, já que, segundo a Lei Complementar nº 75/1993, a imposição deste tipo de pena depende, também, de decisão judicial com trânsito em julgado.

Enfim, as extensas alterações na Lei de Improbidade Administrativa tinham como objetivo impedir punições que incluem multas e reparações por decisões equivocadas ou erros de gestão cometidos por prefeitos, governadores, secretários e servidores, sem intenção de lesar os cofres públicos para enriquecimento pessoal. E pela nova norma, finalmente, só pode ser enquadrado pela lei um agente público que agiu com dolo. Isso fará com que os órgãos de controle tenham que se especializar no combate à corrupção para provarem a intenção de um agente público causar danos ao poder público – o que tenderá a combater de forma correta a impunidade e garantindo os direitos do indivíduo.

CONCLUSÃO

Munidos dos argumentos apresentados nos capítulos anteriores conseguimos depreender que a fuga da responsabilização é sintoma ou mesmo reação do problema estudado: a disfunção do controle ao dilatar o conceito da improbidade administrativa sobre os agentes públicos. Assim, uma vez expostas as estratégias de fuga da responsabilização, as razões para que isso aconteça e os motivos do agente ímprobo ser atraído para os cargos mais importantes da gestão pública, ficou melhor para entender como a análise econômica da responsabilidade da improbidade administrativa pode ajudar para solucionar o fenômeno social do 'apagão das canetas' aumentando a eficiência do controle.

Vale o destaque que, via de regra, ninguém deseja ser responsabilizado por suas ações ou omissões, e assim, podem existir aspectos desejáveis e salutares nas estratégias de fuga ou evasão de responsabilização, pois denotam constante preocupação do gestor com os órgãos de controle e, portanto, uma autofiscalização permanente, de modo a não incidir em qualquer ilegalidade ou estar sujeito às sanções decorrentes da inobservância da lei. Por outro lado, é possível, identificar, infelizmente, atos ilegais na adoção de certas estratégias de fuga da responsabilização.

A discussão trazida aqui sobre a improbidade administrativa, no fundo, remete ao questionamento de como o Estado de Direito atinge este tão difícil equilíbrio entre eficiência e burocracia, autonomia discricionária e legalidade, que vem ensejando, ciclicamente, discussões sobre o grau de autonomia do gestor *versus* a densidade do controle. Por isso, pretendeu-se repensar parte de nosso sistema de controle e revisitar os entendimentos que lhe vêm dando sinais claros de ineficiência administrativa.

Foram utilizados, dessa forma, três grandes conceitos para entender econômicamente a improbidade: a teoria econômica do crime, em especial com a construção de uma base teórica fundada em ferramentas da microeconomia e da economia comportamental, como método de estudo, por meio da aplicação do ferramental teórico e metodológico da economia à teoria jurídica.

Em relação ao primeiro elemento, apresentamos a teoria de Gary Becker que tratou de usar a teoria da escolha racional aplicada a questões jurídicas relacionadas à criminalidade[212]. Já o segundo elemento: ferramentas da microeconomia se direciona também ao fato de considerar o homem como um ser que age de forma racional, e por esse motivo, tende a fazer a melhor escolha de seus interesses. Configura-se assim a chamada teoria da escolha racional.

Trata-se de, incialmente, se considerar que cada pessoa possui gostos específicos, denominados de preferências pessoais, sem se levar em conta os valores atribuídos a cada uma delas. Ato contínuo, a cada escolha o indivíduo atribui uma utilidade. Nessa perspectiva, fez-se necessário o conceito de maximização em Cooter e Ulen[213], que se traduz "na escolha da melhor alternativa que as restrições permitem".

Por fim, a dimensão da economia comportamental surge como uma forma de explicar a aversão a risco do agente público ao perigo que é gerir num cargo público.

Tais teorias e conceitos nos ajudaram a entender a principal hipótese levantada: que o controle disfuncional através do alargamento da LIA tentava de forma ilusória aumentar a probabilidade (p) de pegar mais agentes que cometem a improbidade administrativa (o que claramente não deu certo), ao colocar os atos de improbidade para além da forma dolosa, aceitando a culposa não aumentando, na verdade, a probabilidade (p) da equação e sim transformando o erro e a ineficiência de um gestor em delito. Ou seja, punia-se o mau gestor e não o gestor ímprobo propriamente.

[212] GICO JUNIOR; ALENCAR, Op. Cit. p. 76-77.

[213] COOTER; ULEN, Op. Cit. p. p. 37.

Ocasionando o mesmo efeito de estabelecer penas severas para crimes triviais, significando o aniquilamento dos incentivos para o bom comportamento por parte dos indivíduos pois, nessa circunstância, pareceria a estes que as "ofensas à sociedade" não tinham uma escala valorativa associada. O administrador honesto, que descumpre a lei por inépcia ou venha causar algum dano no exercício das suas funções, acaba sendo equiparado ao desonesto. E isso, acaba por atrair a atitude ímproba do agente público, pois ele será forçado a racionalmente visualizar que somente com os benefícios oriundos de um delito, o cargo público se torna atraente, pois para o gestor honesto trata-se de uma armadilha a sua carreira e bens. Conclui-se que penas mais severas e sem seletividade podem influenciar o indivíduo de forma negativa a cometer mais delitos do que menos.

Esta forma de análise explica o que foi realizado ao longo dos anos com a LIA numa tentativa pífia de dissuasão da realização da improbidade administrativa, pois ao colocar situações corriqueiras da gestão pública como atos de improbidades, acabam por não evitarem o agente de se tornarem ímprobos e sim transformam o cargo público em atividade criminosa, ou seja, o fato de ser um gestor público só será racionalmente admitido se preencher a condição: $B - (C.P + O) > 0$.

Vale sempre ressaltar que essa lógica de pensamento, não converte em ímprobo o agente honesto, porém o afasta dos cargos mais importantes da República (ordenação de despesas, gestão, diretoria, superintendência, etc), ficando e atraindo os agentes dispostos a correrem o alto risco de serem enquadrados na LIA, porque compensarão este risco cometendo e ganhando beneficios impróprios devido aos atos de improbidades numa escala que lhe valerá o risco. Esse pensamento é o que um ser racional indiferente a moralidade e ao possível vexame social pela pecha de ser tachado como ímprobo ou corrupto.

Como a Teoria Econômica do Crime pode solucionar o impasse entre liberdade de atuação do agente público e o grau de responsabilização da sua atuação?

Os autores da teoria econômica adotam o modelo do agente econômico racional colocado em contexto de incerteza, em oposição de outras teorias explicativas do crime, que se focam na "insanidade" ou "anormalidade comportamental" dos agentes, ou que investigam causas de ordem sociológica ou cultural. Nesse padrão, o indivíduo normal, mediano, comum, escolhe praticar o ato criminoso se o resultado final do mesmo incluindo o risco de sofrer uma sanção ultrapassar o resultado que o mesmo poderia alcançar com recurso a alternativas legais.

A lógica presente neste pensamento foi bem apresentada, de uma forma eventualmente mais sofisticada neste trabalho quando este assinalou que, "de uma maneira geral, o peso da pena [que deve ser pronta e próxima da ação criminosa], e a consequência de um delito, devem ser os mais eficazes para os outros e os menos duros possíveis para quem os sofre".

Com efeito, para Gary Becker, é possível construir uma teoria que os criminosos são quase como quaisquer outros indivíduos que tenham que tomar alguma decisão, nesse sentido, pode supor-se que os seus comportamentos serão, por norma, os típicos de um agente econômico racional que procura maximizar utilidades. Com todo este arcabouço em mente, o problema do impasse teórico levantado neste presente trabalho pode ser mitigado recorrendo, agora, a uma útil simplificação facultada por Alison Oliver , pode dizer-se que, no "modelo padrão" de Becker, todos os potenciais criminosos recorrem a três variáveis para as suas análises maximizadoras de utilidades.

Por um lado, ponderam o benefício do crime (representado pela letra "B") – benefício este que é subjetivamente configurado, pelo que inclui vantagens monetárias e psicológicas decorrentes da prática do crime. Por outro lado, deduzem a esse benefício os custos relacionados com as atividades de repressão do crime, sendo estes custos o resultado da multiplicação da severidade da pena (letra "C") pela probabilidade de aplicação dela (letra "P"). Assim sendo, para que um crime seja cometido, o resultado final desta análise custo-benefício terá que ser positivo: $B - C.P > 0$

Desta expressão podem, ainda, extrair-se, entre outros, os seguintes corolários: a) se o resultado final da análise aumentar, a frequência de crimes e o número de criminosos aumenta (numa lógica similar à da lei da oferta); b) a redução do crime pode ser alcançada pela redução do benefício do crime – "B", ou então pelo aumento da severidade da pena – "C" ou da probabilidade de aplicação da pena "P"; c) considerando que – "P" varia entre 0 (0%) e 1 (100%), pode concluir-se que a diminuição da probabilidade de aplicação da pena pode anular eventuais agravamentos das penas aplicáveis e, menos intuitivamente, pode também concluir-se que o aumento da probabilidade de aplicação da pena pode ter um grande efeito dissuador, mesmo que essa probabilidade esteja associada a penas ligeiras.

Note-se, contudo, que os custos de oportunidade (vantagens perdidas decorrentes de alternativas legais de obtenção de rendimento) estão ausentes da referida equação , embora possam ser incorporados na mesma (através, p. ex., da letra "O"). Neste caso, o crime já só será racionalmente cometido se se preencher a condição: $B - (C.P + O) > 0$

Entre outros fatores, a importância dos efeitos contraditórios dos níveis de educação em duas das variáveis desta última fórmula: se, por um lado, o aumento médio dos níveis de educação contribui para aumentar benefício do crime – "B", porque induz os criminosos para as áreas mais sofisticadas e, consequentemente, mais lucrativas (caso típico da improbidade administrativa), em contrapartida aumenta-lhes o custo de oportunidade, dada a maior probabilidade de inserção desses indivíduos em atividades legais lucrativas.

Para entender, portanto, como resolver qual é o limite entre a liberdade de atuação do agente público e o grau de responsabilização da sua atuação, é preciso adentrar neste método, e considerar que não estamos tratando de todos os tipos de atos administrativos e de todos os agentes públicos. Cumpre, somente, entender a lógica que deve imperar sobre as várias espécies de atos que levam à constiuição e cerceamento de direitos privados e públicos dos particulares.

O ato administrativo pode ser comparado a um ato criminoso, não pelo seu aspecto de dano a sociedade, mas de análise de risco de custo-benefício de seu agente, pois, é no ato administrativo discricionário que o agente público tem certa margem de atuação em sua decisão, visto que o legislador, não podendo prever de antemão qual o melhor caminho a ser tomado e, principalmente, quais novos desafios surgirão na gestão, impeliu ao administrador a possibilidade de escolha. Nesta análise o agente público, principalmente aquele que está diante da insegurança jurídica e anomia em certos casos, aplica a fórmula apresentada acima da seguinte forma: $B - (C.P + O) > 0$, sendo "B" o benefício que para ele é subjetivamente configurado, pelo que inclui, por exemplo, um político em bem gerir sua prefeitura e/ou secretária, pois a inércia de um governante sempre é mal quista pela população; sendo "C" a incerteza ou certeza pelos órgãos de controle de ser punido por possível falha (e aqui cabe uma melhor aplicação das investigações do controle); e "P" a probabilidade dessa pena "C" acontecer (sendo "P" efetivamente um controle que está à procura de defender os bens jurídicos e não somente procurar culpados por más gestões); sendo "O" o custo de oportunidade que este mesmo agente poderia estar auferindo em outro ramo ou na iniciativa privada no qual os parametros de culpa e responsabilização já estão muito bem estabelecido.

Assim, caso este número dê maior que "0" o agente público se arrisca a aplicar a politica pública, se não ele não arrisca. Vale mencionar que se o "O" sempre pesar nesta situação por ele ser intimamente ligado a "C", afinal a punição vem antes só pelo fato do agente ser processado, acabando por fazer o agente pedir exoneração do cargo para não manchar sua carreira.

Assim, o futuro é bastante promissor, pois com a alteração legislativa realizada em 2021 que retirou a modalidade culposa da lei, forçará com que o controle se especialize para aumentar probabilidade da pena, ou seja, terão que realizar investigações mais eficientes, para indiciar realmente os agentes públicos ímprobos.

Isso tudo terá como efeito colateral que eles não arrisquem seus cargos e patrimônio para melhor suprir a administração e atraindo assim para estes cargos aqueles que terão o custo de oportunidade "O" elevado o suficiente para melhor gerirem a máquina pública.

Assim, existem outras maneiras de atingir o objetivo dos órgãos de controle para serem atuantes e precisos, sem deixar o Estado mais burocratizado, ineficiente e só atraente para o agente ímprobo. Pode-se, por exemplo, o controle focar mais nos processos administrativos disciplinares, pois os mesmos além de não serem julgados pelo Poder Judiciário, tem o condão de punição interna e com mais eficiência em suas punições (advertência, suspensão e demissão).

Portanto, para que a verdadeira severidade da pena – "C" ou a probabilidade de aplicação dela "P" sejam efetivas para dissuasão dos agentes nestes casos deve-se sim aumentar os meios de vigilância sobre os atos administrativos e suas repercussões fazendo com que o próprio órgão de controle se modernize e consiga separar o joio do trigo.

Em suma, a responsabilidade da improbidade administrativa sobre os agentes públicos ainda necessita de avanços. A Lei 14.230 de 25 de outubro de 2021 já representa uma plausível reação legislativa à situação do 'apagão das canetas'. O presente trabalho expôs que sob a ótica da teoria da análise econômica do crime é válida para pensar e acrescentar ao debate e mostrar ao controlador como seu raciocínio acaba por criar mais danos que soluções, que não ajudam a capturar o agente ímprobo e sim amarram os pés do agente de boa-fé que arrisca e não consegue atingir bons resultados.

REFERÊNCIAS

Agravo interno a que se nega provimento. BRASIL. Superior Tribunal de Justiça. AgInt no REsp 1598594/RN, 9ª Câmara de Direito Público. Rel. Min. Sérgio Kukina, Dje. em 21.06.2018.

ALVAREZ, Alejandro Bugallo. **Análise econômica do direito: contribuições e desmistificações. Direito, Estado e Sociedade**, n.9, v. 9, pp. 49-68, jul./dez. 2006, p. 49-50. Disponível em http://direitoestadosociedade.jur.puc-rio.br/media/Bugallo_n29.pdf. Acesso em 15 out. 2021.

ALVES, Alaôr Caffé. **Lógica: pensamento formal e argumentação: elementos para o discurso jurídico**. Bauru: Edipro, 2000. p. 170.

ARAÚJO, Thiago Cardoso. **Análise Econômica do Direito no Brasil**. Uma leitura à luz da teoria dos sistemas. Editora Lumen Juris. Rio de Janeiro, 2017.

ARTHMAR, Rogério. **Pigou e a revolução keynesiana**. Economia e Sociedade, Campinas, ano 2005, v. 14, n. 25, ed. 2, p. 193-213, 2005. Disponível em: https://www.eco.unicamp.br/images/arquivos/artigos/591/01_Arthmar.pdf. Acesso em: 14 abr. 2021.

ATALIBA, Geraldo. **República e constituição**. 2. ed. Atualização de Rosolea Miranda Folgosi. São Paulo: Malheiros Editores, 1998, p. 13.

AVENA, Norberto Cláudio Pâncaro. **Processo penal esquematizado**. São Paulo: Método, 2010.

BECK, Ulrich. **Risk society: towards a new modernity**. Tradução: Mark Ritter. New York: Sage Publications, 1992, p. 21.

BECKER, G. S.; STIGLER, G. J. **Law Enforcement, Malfeasance, and Compensation of Enforcers. The Journal of Legal Studies**, v. 3, n. 1, p. 1–18, 1974. Disponível em: https://www.jstor.org/stable/724119 . Acesso em 06. abr. 2021.

BECKER, Gary S.. ***A Theory of the Allocation of Time***. The Economic Journal, v. 75, n. 299, p.493-517, 1965.

BECKER, Gary S.. Crime and Punishment: An Economic Approach. **Journal of Political Economy**, vol. 76, n. 2, p.169-217, 1968. Disponível em: www.jstor.org/stable/1830482. Acesso em 25 jun. 2021.

BECKER, Gary S.. ***Nobel lecture: the economic way of looking at behavior***. Journal of Political Economy, v.101, 1993.

BECKER, Gary. The economic way of looking at life. *In*: TORSTEN, Persson (ed.). **Nobel Lectures, Economics 1991-1995**. Singapura: World Scientific Publishing Co., 1997. Disponível em: <https://www.nobelprize.org/nobel_prizes/economic-sciences/laureates/1992/becker-lecture.html>. Acesso em 31. mar. 2021.

BIKHCHANDANI, Sushil; HIRSHLEIFER, Jack; RILEY, John G. **The Analytics of Uncertainty and Information.** 2. ed. Nova Iorque: Cambridge University Press, 2013.

BRASIL ocupa 2º lugar para a Justiça Criminal mais parcial do mundo: No ranking global que avalia a qualidade da Justiça Criminal, o Brasil está na posição 112º, atrás do Paquistão (108º); Serra Leoa (100º) e Nigéria (83º). Migalhas, [*s. l.*], ano 2022, 25 jan. 2022. Disponível em: https://www.migalhas.com.br/quentes/358578/brasil-ocupa-2-lugar-para-a-justica-criminal-mais-parcial-do-mundo. Acesso em: 26 jan. 2022.

BRASIL. Constituição 1988. **Constituição da República Federativa do Brasil de 1988**. Brasília, DF: Presidência da República. Disponível em: http://www.planalto.gov.br/ccivil_03/constituicao/constituicao.htm . Acesso em: 27 jun. 2021.

BRASIL. Constituição 1988. **Constituição da República Federativa do Brasil de 1988**. Brasília, DF: Presidência da República. Disponível em: http://www.planalto.gov.br/ccivil_03/constituicao/constituicao.htm . Acesso em: 27 jun. 2021.

BRASIL. **Lei n. 8.429, de 2 de junho de 1992**: Dispõe sobre as sanções aplicáveis aos agentes públicos nos casos de enriquecimento ilícito no exercício de mandato, cargo, emprego ou função na administração pública direta, indireta ou fundacional e dá outras providências. Publicado no DOU em: 03 jun. 1992. Disponível em: http://www.planalto.gov.br/ccivil_03/_ato2011-2014/2013/lei/l12846.htm. Acesso em: 26 out. 2021.

BRASIL. **Lei nº 14.230 de 25 de outubro de 2021**. Altera a Lei nº 8.429, de 2 de junho de 1992, que dispõe sobre improbidade administrativa. Publicado no DOU em: 26 out. 2021. Disponível em: http://www.planalto.gov.br/ccivil_03/_Ato2019-2022/2021/Lei/L14230.htm Acesso em: 26 out. 2021.

BRASIL. Ministério Público. Ação Civil Pública por ato de improbidade administrativa. 2016. Disponível em: < http://www.mpf.mp.br/pr/sala-de-imprensa/docs/acao-de-improbidade-administrativa-odebrecht >. Acesso em: 26 jun. 2021.

BRASIL. Ministério Público. **Ação Civil Pública por ato de improbidade administrativa com pedido de tutela provisória cautelar de indisponibilidade de bens e valores**. Disponível em: http://www.mpf.mp.br/pr/sala-de-imprensa/docs/AIAEDUARDOCUNHA.pdf . Acesso em: 26 jun. 2021.

BRASIL. Ministério Público. **Força-tarefa da Lava Jato propõe ação de improbidade contra o PP, dez políticos da sigla e um ex-assessor de Janene.** Disponível em: http://www.mpf.mp.br/pr/sala-de-imprensa/noticias-pr/forca-tarefa-da-lava-jato-propoe-acao-de-improbidade-administrativa-contra-o-partido-progressista-dez-politicos-da-sigla-e-um-ex-assessor-de-janene. Acesso em: 26 jun. 2021

BRASIL. Superior Tribunal de Justiça. (1. Seção). Recurso Especial nº 1.366.721/BA. Relator: Min. Napoleão Nunes Maia Filho. Relator p/ Acórdão Min. Og. Fernandes, 26 fev. 2014. DJe 19.set. 2014.

BRASIL. Supremo Tribunal Federal. RE 852.475/SP. Relator: Min. Alexandre de Moraes,08 ago. 2018. DJe 018.

BRASIL. Tribunal de Justiça de São Paulo (9ª. Câmara de Direito Público). Apelação n. 0009252-52.2010.8.26.0073. Relator: Des. Rebouças de Carvalho. São Paulo. Julgado em 02 de jul. 2014.

BRASIL. Tribunal de Justiça do Rio Grande do Sul (4ª. Câmara de Direito Público). Apelação nº 70011242963. Relator: Des. Araken de Assis. Porto Alegre. Julgado em 25 maio 2005.

BRASIL. **Tribunal de Justiça do Rio Grande do Sul.** Apelação n 70006239339. Vigésima Segunda Câmara Cível. Rel. Mara Larsen Chechi. Porto Alegre. Julgado em 30 de setembro de 2003.

CALABRESI, Guido. ***Some thoughts on risk distribution and the law of torts.*** The Yale Law Journal, v. 70, n. 4. p. 499-553. 1961.

CALABRESI, Guido; MELADE, Douglas. ***Property rules, liability rules, and inalienability: one view of the cathedral.*** Harvard Law Review, Cambridge, ano 1974, v. 6, ed. 85, p. 1092-1093, 1972. Disponível em: https://www.jstor.org/stable/1340059. Acesso em: 8 set. 2021.

CALABRESI, Guido; MELAMED, A. Douglas. Property Rules, Liability Rules, and Inalienability: ***One View of the Cathedral. Harvard Law Review***, v. 85, n. 6. Disponível em: https://digitalcommons.law.yale.edu/fss_papers/1983 Acesso em: 16 set. 2021.

CALABRESI, Guido; MELAMED, Douglas A. ***Property rules, liability rules, and inalienability: one view of the cathedral.*** Harvard Law Review, Boston, v.85, 1972, pp.1089-1128.

CAMPOS, Ana Maria. ***Accountability*****: Quando poderemos traduzi-la para o português?** Revista da Administração Pública. Rio de Janeiro: FGV, fev./abr. 1990.

CAMPOS, Marcelo da Silveira. **Escolha racional e criminalidade:** uma avaliação crítica do modelo. R. SJRJ, Rio de Janeiro, n. 22, p. 93-110, 2008. Disponível em: <http://www4.jfrj.jus.br/seer/index.php/revista_sjrj/article/view/92 >. Acesso em 15out. 2021.

CARNEIRO, Rafael Araripe. **STJ em números: improbidade administrativa: Pesquisa analisa o perfil decisório do Superior Tribunal de Justiça em ações de improbidade administrativa.** Jota, São Paulo, 6 jun. 2020. Disponível em: https://www.jota.info/opiniao-e-analise/artigos/stj-em-numeros-improbidade-administrativa-06062020. Acesso em: 23 dez. 2021.

CARVALHO FILHO, José dos Santos. **Manual de direito administrativo,** 27ª edição. São Paulo: Atlas, 2014.

CERQUEIRA, D.; LOBÃO, W. **Determinantes da criminalidade: arcabouços teóricos e resultados empíricos.** Revista de Ciências Sociais, Rio e Janeiro, v. 47, n. 2, 2004, p. 247-248.

COASE, Ronald H. The Problem of Social Cost. **The Journal of Law & Economics,** vol. 3, pp.1–44, 1960. Disponível em: https://www.law.uchicago.edu/files/file/coase-problem.pdf. Acesso em: 16 out. 2021.

COELHO, Cristiane de Oliveira. **A Análise Econômica do Direito enquanto Ciência: uma explicação de seu êxito sob a perspectiva da História do Pensamento Econômico.** *Berkeley Program in Law &Economics.* UC Berkeley: Berkeley Program in Law and Economics, 2007, p. 3. Disponível em: http://escholarship.org/uc/item/47q8s2nd Acesso em 30 out. 2021.

COGLIANESE, Cary. ***Empirical Analysis and Administrative Law.*** SSRN Electronic Journal, 2002.

CONESA, Pierre. ***Surtout ne rien décider: manuel de survie en milieu politique avec exercices pratiques corrigés.*** Paris: Robert Laffont, 2014.

CONSELHO NACIONAL DE JUSTIÇA. **Entenda os conceitos de improbidade administrativa, crimes contra a administração pública e corrupção,** 2015. Disponível em: < http://www.cnj.jus.br/noticias/cnj/62434-entenda-os-conceitos-de-improbidade-administrativa-crimes-contraaadministracao-publicaecorrupcao > Acesso em 04 de maio de 2021.

COOTER, Robert; ULEN, Thomas. **Direito & Economia.** Porto Alegre. Brokman Companhia Editora. 5ª ed., 2010.

CORREIA, José Manuel Sérvulo. Legalidade e autonomia contratual nos contratos administrativos. Coimbra: Almedina, 1987, p. 474.

DA ROS, Luciano. **O custo da Justiça no Brasil: uma análise comparativa exploratória.** *The Observatory of Social and Political Elites of Brazil.* Brasília, 2015. Disponível em: http://observatory-elites.org/wp-content/uploads/2012/06/newsletter-Observatorio-v.-2-n.-9.pdf. Acesso em: 02 out. 2021.

DI PIETRO, Maria Sylvia Zanella. **Direito administrativo.** 33ª edição. São Paulo: Atlas, 2020.

DIPP, Gilson. A dosimetria das sanções por improbidade administrativa *in* Doutrina: edição comemorativa 30 anos. Brasília: Superior Tribunal de Justiça, 2019, p. 291. Disponível em: <**https://ww2.stj.jus.br/docs_internet/revista/eletronica/revista_doutrina_dos_30_anos.pdf**>.

EHRLICH, Isaac. **Participation in Illegitimate Activities: A Theoretical and Empirical Investigation**. The Journal of Political Economy, v. 81, mai-jun., p. 521-564, 1973.. Disponível em: https://www.jstor.org/stable/1831025. Acesso em: 12 set. 2021.

EHRLICH, Isaac. Participation in Illegitimate Activities: An Economic Analisys. In: BECKER, Gary S.; LANDES, William M. (ed.). **Essays in the economics of crime and punishment**. Columbia University Press. Nova Iorque, 1974.

ELLICKSON, Robert C. Of Coase and cattle: Dispute resolution among neighbors in Shasta County. **Stanford Law Review**, p. 623-687, 1986. Disponível em: https://www.jstor.org/stable/1228561?seq=1#metadata_info_tab_contents

ELLICKSON, Robert C.. Of Coase and cattle: dispute resolution among neighbors in Shasta County, **Faculty Scholarship Series**, Paper 466. Disponível em: https://digitalcommons.law.yale.edu/cgi/viewcontent.cgi?article=1465&context=fss_papers.

ESTADÃO. **Desembolso com Judiciário chega a 2% do PIB no País**. 02/12/2018. Disponível em: https://politica.estadao.com.br/noticias/geral,desembolso-com-judiciario-chega-a-2-do-pib-no-pais,70002629765. Acesso em 05/04/2021.

FARNSWORTH, Ward. **The legal analyst: a toolkit for thinking about the law**. Chicago: The University of Chicago Press, 2007.

FIANI, Ronaldo. **Teoria dos Jogos**: com aplicações em Economia, Administração e Ciências Sociais. 2. ed. Rio de Janeiro: Elsevier, 2006.

FORTES, Pedro Rubim Borges. O Fenômeno da Ilicitude Lucrativa. **Revista Estudos Institucionais**, v. 5, n. 1, p. 104-132, 2019.

FREAKONOMICS EP.405. Policymaking Is Not a Science (Yet). Locutor: Stephen J. Dubner. Entrevistados: Dana Suskind, John List, Patti Chamberlain, Lauren Supplee. **Freakonomics Radio**, 12/02/2020. Podcast. Disponível em: https://freakonomics.com/podcast/scalability/.

GARCIA, Emerson; ALVES, Rogério Pacheco. **Improbidade administrativa**. 7. ed. rev., atual. e amp. São Paulo: Saraiva, 2014.

GASPARINI, Diógenes. **Direito Administrativo**, 17ª edição. São Paulo: Saraiva, 2012.

GHIGNONE, Luciano Taques. **Corrupção e eficiência administrativa: um exame à luz da análise econômica do direito.** Revista do Instituto de Direito Brasileiro, ano 2, n. 2, Lisboa, 2013.

GICO JR., Ivo. Introdução à Análise Econômica do Direito. In: RIBEIRO, Márcia Carla Pereira; KLEIN, Vinicius (coord.). **O que é Análise Econômica do Direito: Uma Introdução**. 2ª Edição. Belo Horizonte, Editora Fórum, 2016.

GICO JUNIOR, Ivo Teixeira. **Metodologia e epistemologia da análise econômica do direito**. Brasília: Economic Analysis of Law Review, 2010. V. 1, nº 1, p. 7-33, Jan-Jun, 2010. Universidade Católica de Brasília – UCB. Disponível em: <https://works.bepress.com/ivo_teixeira_gico_junior/44/>. Acesso em: 26 out. 2021.

GICO JUNIOR, Ivo Teixeira; ALENCAR, Carlos Higino Ribeiro de. **CORRUPÇÃO E JUDICIÁRIO:** a (in)eficácia do sistema judicial no combate à corrupção. Disponível em: <http://www.egov.ufsc.br/portal/conteudo/corrup%C3%A7%C3%A3o-e-judici%C3%A1rio-inefic%C3%A1cia-do-sistema-judicial-no-combate-%C3%A0-corrup%C3%A7%C3%A3o>. Acesso em 26 out. 2021.

GIOVANINI, Wagner. **Mecanismo de integridade ou arma para proteção.** In: PAULA, Marco Aurélio Borges de; CASTRO, Rodrigo Pironti Aguirre de (coord.). Compliance, gestão de riscos e combate à corrupção: integridade para o desenvolvimento. Belo Horizonte: Fórum, 2018.

GOERTZ, Gary; MAHONEY, James. **A tale of two cultures: qualitative and quantitative research in the social sciences.** New Jersey: Princeton University Press, 2012.

GOMES, Carla Amado**. Risco e modificação do acto autorizativo concretizador de deveres de protecção do ambiente**. Coimbra: Almedina, 2007, p. 226-227.

GRAU, Eros R. **A ordem econômica na Constituição de 1988** (interpretação e crítica). 12ª ed. São Paulo: Malheiros, 2007.

GRECO FILHO, Vicente. **O combate à corrupção e comentários à lei de responsabilidade de pessoas jurídicas (Lei de nº 12.846 de 1º de agosto de 2013)** – Atualizado de acordo com o Decreto n. 8.420, de 18 de março de 2015, 1ª edição. São Paulo: Saraiva, 2015.

GUIMARÃES, Fernando Vernalha. **O Direito Administrativo do Medo: a crise da ineficiência pelo controle.** Zênite Fácil, categoria Doutrina, 01 set. 2020. Disponível em: http://www.zenitefacil.com.br. Acesso em: 22 maio 2021.

HACHEM, Daniel Wunder; FARIA, Luzardo. **Improbidade administrativa, inelegibilidade e aplicação do art. 1, I, "L" da Lei Complementar n. 64/1990 pela Justiça Eleitoral.** In: FUX, Luiz; PEREIRA, Luiz Fernando Casagrande; AGRA, Walber de Moura (org.); PECCININ, Luiz Eduardo (coord.). Elegibilidade e Inelegibilidades. Belo Horizonte: Fórum, 2018.

HANSON, Jon D., HANSON, Kathleen & HART, Melissa. Game Theory and the Law. In: Kalyan Chatterjee & William Samuelson (eds.). **Game Theory and Business Applications**. 2ª ed. Springer, 2013

HARGER, Marcelo. A indisponibilidade de bens em ação de improbidade administrativa após a vigência do novo CPC. Revista Colunistas – Direito do Estado, Salvador, n. 359, 2017. Disponível em: http://www.direitodoestado.com.br/colunistas/marcelo-harger/aindisponibilidade-de-bens-em-acao-de-improbidade-administrativa-apos-a-vigencia-donovo-cpc . Acesso em: 18 fev. 2021.

HARGER, Marcelo. **Improbidade administrativa: comentários à Lei nº 8.429/92**. Coleção direito administrativo positivo; v. 7/ Irene Patrícia Nohara, Marco Antonio Praxedes de Moraes Filho, coordenadores. São Paulo: Atlas, 2015. p. 56-60.

HIRSCHL, Ran. **O novo constitucionalismo e a judicialização da política pura no mundo.** Revista de Direito Administrativo, Rio de Janeiro, v. 251, 2009 p. 165.

HOOD, Christopher. **El juego de la culpa: manipulación, burocracia y autoconservación en el estado.** Tradução: José Antonio Olmeda Gomez. Madrid: Instituto Nacional de Administración Pública, 2014.

IDP recebe a visita de especialistas em improbidade administrativa. Disponível em: https://www.idp.edu.br/idp-recebe-a-visita-de-especialistas-em-improbidade-administrativa/. Acesso em: 12 set. 2021.

JORDÃO, Eduardo. A leitura e as 'leituras' do art. 5º, XXXV, da Constituição Federal. **Jota**, 05 nov. 2019. Disponível em: https://www.jota.info/opiniao-e-analise/colunas/publicistas/a-leitura-e-as-leituras-do-art-5o-xxxv-da-constituicao-federal-05112019. Acesso em 25 maio 2021.

JORDÃO, Eduardo. Art. 22 da LINDB – Acabou o romance: reforço do pragmatismo no direito público brasileiro. **Revista de Direito Administrativo**, p. 63, 2018

JUSTIÇA em números 2021. 1. ed. Brasília: Conselho Nacional de Justiça: CNJ, 2021. 342 p. ISBN 978-65-5972-493-2. Disponível em: https://www.cnj.jus.br/wp-content/uploads/2021/09/relatorio-justica-em-numeros2021-12.pdf. Acesso em: 19 out. 2021.

Justiça em Números. Brasília: Conselho Nacional de Justiça, 1 jan. 2021. Disponível em: https://www.cnj.jus.br/pesquisas-judiciarias/justica-em-numeros/. Acesso em: 25 maio 2021.

KAHNEMAN, Daniel. **Rápido e devagar**: duas formas de pensar. Tradução de Cássio Arantes Leite. 1. Ed. Rio de Janeiro: Objetiva, 2012.

KOROBKIN, Russel; ULLEN. Thomas. **Law and Behavioral Science. Removing the Rationality Assumption from Law and Economics.** Law and Economics Research Paper Series. Research Paper nº 00-001. California Review, Berkeley, vol.88, setembro, 2000, p. 66.

LAMBSDORFF, Johann Graff. ***The Institutional Economics of Corruption and Reform.*** Nova Iorque: Cambridge University Press, 2008. Disponível em: https://www.researchgate.net/publication/227388537_The_institutional_economics_of_corruption_and_reform_Theory_evidence_and_policy Acesso em: 01 out. 2021.

LEAL, Fernando. Propostas para uma abordagem teórico-metodológica do dever constitucional de eficiência. **Revista Eletrônica de Direito Administrativo (REDAE)**, n. 15, 2008. Disponível em: https://bibliotecadigital.fgv.br/dspace/bitstream/handle/10438/24278/Propostas_para_uma_ab ordagem_teorico-met.pdf. Acesso em 25 maio 2021

LEVITT, Steven D.; MILES, Thomas J. ***Economic contributions to the understanding of crime.*** Annual Review of Law and Social Science, v. 2, 2006, p. 148.

LOPES JR., Aury. **Direito Processual Penal**. 11. ed. São Paulo: Saraiva, 2014. p. 53.

MACKAAY, E. **The History and Methodology of Law and Economics**. Encyclopedia of Law and Economics, Cheltenham, ano 2015, v. 1, 2000.

MAQUIAVEL não era maquiavélico: Especialista no autor, Newton Bignotto afirma que "leitura parcial" ajudou a forjar o "maquiavelismo" que conhecemos. Folha de São Paulo, São Paulo, p. 1-2, 31 mar. 2007. Disponível em: https://www1.folha.uol.com.br/fsp/ilustrad/fq3103200708.htm. Acesso em: 23 dez. 2021.

MARINONI, Luiz Guilherme. **Curso de processo civil**: teoria geral do processo. São Paulo: Editora Revista dos Tribunais, 2006.

MCGARITY, Thomas O., *Some Thoughts on "Deossifying" the Rulemaking Process*, [s.l], 1992.

MODESTO, Paulo. **O controle público e o fetiche da culpa**. Revista Colunistas – Direito do Estado, Salvador, mar. 2016. Disponível em: http://www.direitodoestado.com.br/colunistas/paulo-modesto/o-controle-publico-e-o-fetiche-da-culpa. Acesso em: 23 nov. 2020.

MORAES, Alexandre. **Combate à improbidade administrativa e respeito aos princípios constitucionais**. Revista Jurídica da Universidade de Santiago. Assomada: Universidade de Santiago, n. 2, jan./dez. 2014.

NASH, John F. Equilibrium points in n-person games. **Proceedings of the National Academy of Sciences of the United States of America**, v.36, n.1, 1950, p.48-49. Disponível em: http://www.jstor.org/stable/88031. Acesso 09 set. 2021.

NIETO, Rafael Mery. **Court Fees: Charging the user as a way to mitigate judicial congestion**. The Latin American and Iberian Journal of Law and Economics. Vol. 1: Iss. 1, Article 7, 2015. Disponível em: https://www.researchgate.net/publication/281641014_Court_Fees_Charging_the_User_as_a_Way_to_Mitigate_Judicial_Congestion. Acesso em: 01 out. 2021.

NÓBREGA, Antonio Carlos Vasconcellos. **A Nova Lei de Responsabilização de Pessoas Jurídicas como Estrutura de Incentivos aos Agentes.** Economic Analysis of Law Review, Brasília, v. 5, n. 1, p. 70, Jan-Jun 2014. Disponível em: file:///H:/Meu%20Drive/GFX%20Advogados%20[S%C3%B3cios]/12.%20Pastas%20Pessoais%20dos%20S%C3%B3cios/fgullo/MESTRADO%20FGV%202020/DEFESA/Pesquisa/4789-21732-1-PB.pdf. Acesso em: 10 set. 2021.

NORTH, Douglass C. **Custos de Transação, Instituições e Desempenho Econômico**. Rio de Janeiro: Instituto Liberal, 1992.

OLIVER, Alison. ***The economics of crime: an analysis of crime rates in America***. The Park Place Economist, Illinois, ano 2002, v. 10, ed. 1, p. 30-31, 2002. Disponível em: https://digitalcommons.iwu.edu/cgi/viewcontent.cgi?article=1171&context=parkplace. Acesso em: 9 set. 2021..

OSÓRIO, Fábio Medina. Teoria da improbidade administrativa: má gestão pública: corrupção: ineficiência. 4. ed. São Paulo: Thomson Reuters, 2018.

PACHECO, Pedro Mercado. **El Análisis Económico del Derecho – una reconstrucción teórica**. Madrid: Cento de Estudios Constitucionales, 1994, p. 28-29.

PATRÍCIO, Miguel. A ANÁLISE ECONÓMICA DO CRIME: UMA BREVE INTRODUÇÃO. **Colóquio de Direito Luso-Brasileiro. Faculdade de Direito do Largo de São Francisco – USP**, São Paulo, ano 2015, n. 1, p. 157-175, 2015. Disponível em: https://www.cidp.pt/revistas/rjlb/2015/1/2015_01_0157_0175.pdf. Acesso em: 15 set. 2021.

PIETRO, Maria Sylvia Zanella Di. **Direito Administrativo**. São Paulo: Atlas, 21ª ed. 2008.

PIRES, R. & GOMIDE, A., 2014. **Burocracia, democracia e políticas públicas: arranjos institucionais de políticas de desenvolvimento**. Texto para discussão, 1940. Brasília: IPEA.

POLINSKY, A. Mitchell; SHAVELL, Steven. **The economic theory of public enforcement of law**. Journal of Economic Literature, Cambridge, v. 38, ed. 1, p. 45-76, 2000. Disponível em: https://www.nber.org/papers/w6993#:~:text=This%20article%20surveys%20the%20theory,sanction%20violators%20of%20legal%20rules. Acesso em: 14 abr. 2021.

PORTO, Antônio Maristello; GAROUPA, Nuno. **Curso de Análise Econômica do Direito**. São Paulo: Atlas, 2020.

PORTO, Antônio Maristrello; FRANCO, Paulo Fernando. Uma Análise Também Econômica do Direito de Propriedade. **Economic Analysis of Law Review EALR,** v. 7, n. 1, p.207-232, 2016. Disponível em: https://portalrevistas.ucb.br/index.php/EALR/article/view/6473/pdf. Acesso 19 out. 2021

POSNER, E. A.; VERMEULE, A. **The executive unbound: after the Madisonian Republic**. Traducao . [s.l.] Oxford University Press, 2013.

POSNER, Richard A. **Economic analysis of law**. 8 ed. Nova Iorque: Aspen Publishers, 2011.

PRADO, Geraldo *et al.* **Sistema Acusatório**: A Conformidade Constitucional das Leis Processuais Penais. 3. ed. São Paulo: EDITORA LUMEN JURIS, 2005. p. 73.

RAMALHO, Renan. **O ano da vingança: combate à corrupção retrocedeu em 2021 pela ação dos 3 Poderes**. Gazeta do Povo, Brasília, p. 1-2, 29 dez. 2021. Disponível em: https://www.gazetadopovo.com.br/republica/combate-a-corrupcao-retrocedeu-em-2021-pela-acao-dos-tres-poderes/. Acesso em: 4 jan. 2022.

RAYMUNDO, Gisleni Valezi. **Acesso ao poder judiciário e o benefício da justiça gratuita: uma grandeza não contabilizada. Constituição,** Economia e Desenvolvimento: Revista da Academia Brasileira de Direito Constitucional, Curitiba, v. 6, n. 10, jan.-jun., 2014. p. 185-200.

Reinventando o governo e reforma regulatória: estudos sobre a desconsideração e o abuso do direito administrativo. Regulação econômica e democracia – o debate norte-americano. Trad. Caio M. da S. Pereira Neto. São Paulo: Editora 34, 2004, p. 296.

ROBERTS, Paul. Craig; STRATTON, Lawrence. M. **The tyranny of good intentions: how prosecutors and law enforcement are trampling the constitution in the name of justice**. New York: Three Rivers Press, 2000.

SALAMA, Bruno Meyerhof. **O que é Direito e Economia?** Direito e Economia. Porto Alegre: Livraria do Advogado, 2008. p. 3. Disponível em: http://works.bepress.com/bruno_meyerhof_salama/16. Acesso em 30 out. 2021.

SALAMA, Bruno Meyerhof. **O que é Direito e Economia?** Direito e Economia. Porto Alegre: Livraria do Advogado, 2008. P. 49-61. Disponível em: <http://works.bepress.com/bruno_meyerhof_salama/16>. Acesso em 30 out. 2021.

SANTOS, José Vicente Mendonça dos. A verdadeira mudança de paradigmas do direito administrativo brasileiro: do estilo tradicional ao novo estilo. **Revista de Direito Administrativo**, v. 265, jan/abr 2014, p. 179-195.

SANTOS, Rodrigo Valgas dos. **Direito Administrativo do Medo: Risco e Fuga da responsabilização dos agentes públicos**. 1. ed. São Paulo: Revista do Tribunais, 2020.

SCHAEFER, Gilberto José; SHIKIDA, Pery Francisco Assis. **Economia do Crime: elementos teóricos e evidências empíricas**. Análise Econômica, Porto Alegre, ano 18, n. 33, 2000. Faculdade de Ciências Econômicas da UFRGS.

SHAVELL, Steven. **The fundamental divergence between the private and the social motive to use the legal system. Journal of Legal Studies**, v. 26, Illinois: The University of Chicago Press, p.575-612, 1997, p.600. Disponível em: https://pdfs.semanticscholar.org/d4d6/0a225e49d6f953e8020b9aea072cc3091b80.pdf. Acesso em: 25 maio 2021.

SILVA, José Afonso. **Curso de Direito Constitucional**. 30.ª ed. São Paulo: Malheiros. 2008.

SOUTO, Marcos Juruena Villela. **Direito administrativo regulatório**. 2. ed. Rio de Janeiro: Lumen Juris, 2005.

STANLEY, Jason. **Como funciona o fascismo: A política do "nós" e "eles"**. 1. ed. New Haven: L&PM, 2018.

STIGLER, George. The Optimum Enforcement of Laws. **Journal of Political Economy**, v. 78, n. 3, maio-jun. 1970, p. 526-536. Disponível em: <http://www.jstor.org/stable/1829647>. Acesso em 15 mai. 2021.

SUNSTEIN, Cass; VERMEULE, Adrian. ***Interpretation and Institutions***. Chicago Public Law and Legal Theory Working Paper Series, No. 28, 2002, no âmbito das instituições democráticas e no plano jurídico-político.

SUSINI, Marie-Laure. **Elogio da corrupção: os incorruptíveis e seus corruptos**. Tradução: Procópio Abreu. Rio de Janeiro: Companhia de Freud, 2010.

TAVARES, José F. F.; CÂMARA, Sofia Sousa da. **O plano de prevenção de riscos: um instrumento de gestão indispensável no sector público direito regional e local**. Direito Regional e Local, Braga, n. 9, p. 23-39, jan./mar. 2010, p. 37.

TESSARI, Cláudio; PINHEIRO, Camila Bandel Nunes; MOREIRA, Fernanda da Rosa. **Holding patrimonial familiar: uma alternativa segura de proteção patrimonial, planejamento sucessório e tributário**. Revista IOB de Direito de Família, n. 107, p. 9-26, 2018.

TORRES, José Emanuel de Matos. **Gestão de riscos: no planeamento, execução e auditoria de segurança**. Lisboa: Instituto Superior de Ciências Policiais e Segurança Interna, 2015, p. 12-13.

VALLÈS, Ramon Ragués i. **Mejor no saber: sobre la doctrina de la ignorância deliberada em derecho penal.** Tendencias actuales em la teoría del delito. Universitat Pompeu Fabra: Barcelona, 2013, p 11.

VARIAN, Hal R. **Microeconomia: princípios básicos: uma abordagem moderna**. Rio de Janeiro: Campus, 2000.

VASCONCELLOS, Marco Antonio Sandoval de; GARCIA, Manuel E. **Fundamentos de economia.** São Paulo: Saraiva, 2000.

YOUNG, Peyton H. Social norms. **The New Palgrave Dictionary of Economics**. 3.ed. Palgrave Macmillian, 2018.

ZARDO, Francisco A. **Infrações e sanções em licitações e contratos administrativos: com as alterações da lei anticorrupção (Lei 12.846/2013)**. São Paulo: Revista dos Tribunais, 2014.